Obras del mismo autor:

Tratado histórico del arte de la escritura, la grafología y la pericia caligráfica. Volumen I.

En preparación:

Tratado histórico del arte de la escritura, la grafología y la pericia caligráfica. Volumen II y III.
Dictámenes periciales caligráficos y documentológicos, casos reales.

A mis hijas Ana Laura y Carlota

En recuerdo a la I Exposición Universal *L´Affaire Dreyfus* en septiembre de 2021. Auditorio del Centro Cívico, Ayuntamiento de Santiago de Querétaro, México

MEMORIA ILUSTRADA

del caso Dreyfus, historia de una injusticia.

Con la actuación de los peritos calígrafos

A PROPOS DE LA REPRISE DE L'AFFAIRE DREYFUS

PHOTOGRAPHIE INSTANTANÉE DE M. ALFRED DREYFUS, PRISE LE 5 OCTOBRE 1901

INDICE

Prólogo

Salvador Martínez Cañavate nos ilustra con su obra, una «historia de la injusticia» infringida al capitán Alfred Dreyfus, solventada en un profundo trabajo académico y heurístico. La injusticia referida estuvo cargada de tal dosis de inmoralidad y falta de ética, que cimentó una historia en múltiples planos y diferentes categorías historiográficas.

La Francia republicana matriz de la Ilustración, de los principios de «Libertad, Igualdad y Fraternidad» y la «Declaración de los Derechos del Hombre y el Ciudadano» aprobada el 26 de agosto de 1789 por la Asamblea Nacional Constituyente, no podría haber tenido un peor desempeño en aquel año 1894. El juicio al joven capitán egresado con honores de la elitista y rígida academia militar del Regimiento de Artillería de París, se elevó al nivel de un *affaire*. Martínez Cañavate desarrolla su erudición en clave de vértigo y cronología de acontecimientos y coyuntura. Nos demuestra cómo la indignación de los *dreyfusistas* se propagó e involucró a un repertorio de personalidades locales e internacionales de enorme prestigio. Entre ellos a Émile Zola, protagonista ineludible del acontecimiento, cuya participación se constituyó, a su vez, en un segundo *affaire*. Volveremos más adelante a Zola.

¿Cómo entender tal insidioso empecinamiento contra Dreyfus por un complot de espionaje imposible de justificar? En primer término, el autor, respaldado en su propio saber experto, destaca la trascendencia y trayectoria de la falsa evaluación caligráfica como prueba de una empedernida tosquedad de ribetes inéditos. Señala, asimismo, el hecho que el capitán Alfred Dreyfus era judío y más aún, el único judío en dichas filas militares. Este aspecto medular conlleva a la perspectiva de otra historia: la del odio a los judíos omnipresente desde épocas milenarias. Este mutó a un perfil étnico a partir del advenimiento de las ciencias antropológicas de los siglos XVIII y XIX. De ahí el surgimiento del término «antisemitismo», el cual, lamentablemente, aglutinó todos los insumos previos de burdos prejuicios religiosos. La acusación milenaria del deicidio es en sí misma ridícula, surrealista, pero «matar a Dios» constituiría un delito imprescriptible de *lesa divinidad* más aborrecible aún que los delitos de *lesa humanidad*. Dicha vigencia judeofóbica continuó imperando en Francia y contaminó toda la red vascular de sucesos constitutivos del *affaire Dreyfus*. Las derivaciones de esa mitología delirante, concebida y espesada a través de los siglos mutan y subsisten hasta nuestros días:

> *Apenas existe un aspecto de la historia contemporánea más irritante y equívoco que el hecho de que todas las grandes cuestiones políticas no resueltas de nuestro siglo, fuera este problema judío, aparentemente pequeño y carente de importancia, el que tuviera el dudoso honor de poner en marcha toda la máquina infernal.* (Arendt, 2006, p. 65).

Martínez Cañavate plasma en su libro datos relevantes de las singularidades de la acusación y degradación de Dreyfus. Incluye en ella a un intelectual de época: Bernard Lazare, mediante quien contribuiremos un aporte adicional que requiere una síntesis previa.

El contexto de ambos *affaires* estaba imbuido en las problematizaciones de un nuevo mundo, que surgía a partir de la Ilustración y las *Revoluciones Francesa, Industrial* y *Americana*, transcurridas en el siglo anterior. El siglo XIX introdujo los postulados del ideario marxista. Los estados monárquicos se transformarían en estados nación, sus integrantes dejarían de ser «súbditos» para considerarse «ciudadanos». La conjunción de tantos conceptos polifacéticos generó a nivel socio-económico-político un impacto tectónico y réplicas sísmicas, que hicieron trepidar a toda Europa -y el mundo entero-. Las conceptualizaciones emanadas de dichos movimientos aspiraron a reformar un mundo basado en la religión, por uno científico y racional con nuevos tipos ideales políticos. El mundo judío también tuvo su primera gran revolución: el Iluminismo (*Hazkalah* en idioma hebreo). Se tradujo la Biblia al idioma alemán, hecho que le abrió a la juventud judía, tradicionalmente estudiosa del *Talmud*, las chances de acceder a la cultura universal. Para los judíos, básicamente urbanizados y modernizados -no tanto así para las comunidades rurales más observantes de preceptos religiosos-, implicó el acomodamiento de sus diversos colectivos en las clases sociales de la «nueva Europa». Dio comienzo la «emancipación» judía y con ella su «asimilación» al entorno cristiano. Comenzaba una época de desafíos con los cuales se debía aprender a convivir. Se presumía atenuar el antisemitismo y convocar a la aceptación de un judaísmo integrado a la sociedad. Surgieron destacadas personalidades judías en ámbitos del Derecho, la Medicina, las artes, la ciencia, y específicamente para este análisis: en la Prensa.

En ese espacio temporal emergieron las figuras de los periodistas Bernard Lazare, Marx Nordeau, entre otros, y el icónico Theodor Herzl, siendo el primero un escritor e historiador ateo y anarquista, escritor y médico el segundo, escritor y abogado el tercero. Durante la degradación de Dreyfus, la multitud presente, «el público de ejecuciones» caldo de cultivo de la prensa antisemita, aullaba: ¡Muera el judío! ¡Muera el traidor! ¡Muera el Judas!, mientras el acusado replicaba ¡Soy inocente!, ¡Viva Francia!, como bien lo documenta Martínez Cañavate. La presencia de dichos periodistas ante tal espectáculo, judíos asimilados todos ellos, les provocó el desencanto absoluto de su ilusión emancipatoria y el despertar en sus conciencias del espíritu de sus antepasados. La repulsa al hito infame los retrotrajo a sus raíces judías identitarias tradicionales. Bernard Lazare escribió un libro titulado: *Antisemitismo su historia y sus causas*, en el mismo año 1894 y dio lugar al concepto de judío «paria». Los grandes pensadores citados concluyeron que no habría lugar para los judíos en Europa si tal atrocidad acontecía, ni más ni menos, que en Francia. La historia de expulsiones, exclusiones y matanzas sufridas a lo largo de siglos les daba la razón. Fue así como surgió la segunda gran revolución del pueblo judío: el Sionismo Político.

El marco específico e identitario del sionismo se encapsuló *a priori* dentro del judaísmo, pero su resonancia ha tenido trascendencia mundial. El movimiento funda la Organización Sionista Mundial, órgano que intentó y logró unir a buena parte de las sociedades judías dispersas.

Theodor Herzl, la figura emblemática de esa nueva cosmovisión soñó con la creación de un «Estado judío» sujeto a derecho legítimo y conseguido por vías diplomáticas. Proclamó sus ideales en un libro titulado *El Estado judío*, escrito en 1896, donde plasmó un verdadero diseño de dicho país y su visión socio-política.

El sionismo consideró e integró las polarizaciones regionales y filosóficas del propio universo judío: democráticas, liberales, socialistas, revisionistas, religiosas, culturales. Logró consolidar sus puntos de encuentro nutriéndose, a su vez, de las ideas revolucionarias de época. Su horizonte preveía la redención judía nacional y territorial. Se trató de un movimiento en convergencia con las virtudes que valoraban, en aquellas instancias, a los movimientos nacionalistas en sustitución de las viejas monarquías. El recorrido no fue simple. Finalmente, el 14 de mayo de 1948 se constituyó el Estado de Israel, por la aprobación de las Naciones Unidas dictada el 29 de noviembre de 1947. Herzl falleció joven en 1904, no pudo ver concretado su sueño.

Consideramos, pues, que el *affaire Dreyfus* configura una marca indeleble en la historia, porque habiendo sido un hito local adquirió una dimensión universal. Coincidimos con Martínez Cañavate en la importancia de reivindicar su memoria y resignificarla junto al *affaire Zola*. El inminente pensador e intelectual comprometido plasmó mediante la conjunción de dos palabras de natural cotidianeidad: «yo» y «acuso», un término: «Yo acuso», erigido en estandarte del rechazo al antisemitismo y cualquier tipo de discriminación. Su involucramiento en la tremenda injusticia que padeció Alfred Dreyfus mantiene vivo el ejemplo de balizar el camino de todas las personas de buena voluntad y sana convivencia, que luchamos por construir un mundo mejor.

En Montevideo, a 26 de septiembre de 2022.

Roberto Cyjon
Escritor, ensayista. Ingeniero eléctrico.
Magister en Historia Política.
Doctorando en Historia Americana.
Expresidente del Comité Central Israelita
del Uruguay.

Presentación

Honor, justicia, igualdad y verdad, son los principios fundamentales, los pilares esenciales en los que se sustenta y gira este famoso suceso que supuso un hito en la historia y aún perdura vivo en la memoria del tiempo.

El suceso sufrido por el capitán Alfred Dreyfus, es el resultado de una desgarradora historia de la que fue testigo la humanidad. El Estado Mayor francés con pensamiento nacionalista y de intensa ideología antisemita, fue instructor, juez y verdugo del capitán de artillería. Con una actuación parcial, fue incapaz de ver y reconocer la verdad, el hecho de ser judío, haber nacido en la Alsacia y tener una escritura parecida al verdadero espía y traidor de Francia, fueron los ingredientes suficientes para condenar a la pena más deshonrosa a un militar y sin pruebas sólidas que justifiquen dicha sentencia.

El fanatismo es uno de los grandes enemigos de nuestra sociedad, perturba gravemente la realidad del que lo sufre y justifica lo injustificable, se vuelve intolerante e intransigente; por consiguiente, las consecuencias resultan fatales y estas aumentan en proporción directa con el poder y la autoridad que tiene el que lo sufre. El filósofo francés Voltaire decía que: «Cuando el fanatismo ha gangrenado el cerebro, la enfermedad es incurable».

La figura de Dreyfus simboliza el más puro ejemplo de un mártir, una víctima originada por el conflicto que se vive en Francia a finales del siglo XIX donde refleja de forma fiel, el terrible problema existente en el mundo y especialmente visible en Europa: el antisemitismo, la hostilidad hacia el pueblo judío; los prejuicios de tipo religioso, cultural, racial y étnico que provoca el odio y la discriminación hacia los judíos y que va en aumento en los países centroeuropeos.

El caso del capitán Alfred Dreyfus ha sido la semilla que germina alimentada por el riego del antisemitismo, su desarrollo sufre la plaga originada por un régimen de fuerte tendencia conservadora y un ejército xenófobo, teniendo el respaldo y la complicidad de gran parte de la población engañada y adoctrinada por el goteo incesante de una prensa extremista.

Este germen que padece el ejército y una amplia población, se combate por medio de la firmeza, persistencia y lucha de unos hombres valientes que defienden la justicia, la igualdad y la verdad por encima de todo; sus principales armas son la pluma y la tinta, la razón y la reflexión; de esta forma, persiguen la ecuanimidad, iluminar con el conocimiento y abrir los ojos frente al fanatismo que impera en la sociedad y les ha corroído el juicio y la razón; así, se enfrentan en inferioridad ante un poderoso enemigo que dirige el poder militar y político.

Reinach, Zola, Lazare, Picquart y Sheurer-Kestner, son algunos de los grandes hombres que han andado en este terreno pantanoso, sin ceder ni detenerse ante las presiones y amenazas, movidos y alimentados por el deber de acreditar la verdad, por su firme e inquebrantable convicción de vivir en un mundo donde reine la justicia y la igualdad.

La idea de escribir este libro nació en la exposición universal del affaire Dreyfus que se celebró en la ciudad de Santiago de Querétaro (México). Conforme iba explicando a los asistentes los diferentes sucesos acontecidos apoyado en las fotografías, mostrando las portadas y los titulares de los diarios de la época que reflejaban cada situación y momento, observé que las ilustraciones ayudaban a comprender la historia de un modo más fácil y ameno, incluso los niños se interesaban con su innata curiosidad; por lo que decidí hacer una selección de las mejores imágenes para explicar de manera visual el recorrido histórico, respetando un minucioso orden cronológico.

En consecuencia, el ensayo que tiene entre sus manos narra los hechos en presente histórico y desde una visión del ciudadano francés de la época, conociendo los diferentes acontecimientos a través de los diarios, de los titulares de periódicos tanto antidreyfusistas como dreyfusistas. La obra está profusamente ilustrada con más de 450 imágenes, extraídas casi en su totalidad de los periódicos originales que forman parte de la colección privada del autor, compuesta por más de mil diarios de diferentes países, series completas de postales, fotografías, manuscritos y numerosas piezas originales de diversa naturaleza.

Muchos son los libros publicados de este apasionante suceso, se calcula más de mil obras, sin embargo, he intentado con todo respeto y humildad, presentar al público algo novedoso para que el lector exigente pueda conocer lo trascendental que supuso este hecho en la historia de Francia y en el mundo, desde perspectivas tan diferentes como el área militar, político, técnico pericial, religioso, cultural, periodístico, jurídico, etc.

Y para culminar con esta modesta introducción, recordamos las palabras de Émile Zola en su célebre «J´Acusse» donde resume el máximo deseo de esta obra:

«Y el acto que realizo aquí, no es más que un medio revolucionario de activar la explosión de la verdad y de la justicia. Solo un sentimiento me mueve, solo deseo que la luz se haga, y lo imploro en nombre de la humanidad».

En Capbreton (Francia), a 15 de octubre de 2022.

Salvador Martínez Cañavate
Perito calígrafo y documentólogo.
Director de la exposición L´Affaire Dreyfus.
Investigador, ensayista. Autor del Tratado histórico del arte de la escritura, la grafología y la pericia caligráfica.

Personajes más destacados

Para facilitar la comprensión y familiarizarse con la actuación de los personajes más relevantes en este suceso, se van a relacionar diferenciando dos bandos: los contrarios a Dreyfus, considerados antisemitas y nacionalistas, también conocidos como antidreyfusistas, y los que defienden la inocencia del capitán Dreyfus, en este caso, son los dreyfusistas, entre los que se incluyen principalmente un notable colectivo de escritores, académicos, intelectuales de distintas áreas, republicanos y judíos.

Antidreyfusistas o antisemitas
Generales y militares de diversos rangos

General Mercier

General Boisdeffre

General Gonse

Coronel du Paty

Comandante Henry

General Saussier

Coronel Sandherr

Archivista Gribellin

Coronel Maurel

Comandante Gonse

General Darras

General Chanoine

General Billot

General Zurlinden

General Roget

General Gallifet

General Pellieux

Comandante Carrière

Comandante Lauth

Ayudante Bouxin

Capitán Cuignet

Comandante Ravary

General Deloye

Coronel Jouaust

Otros destacados personajes

Comandante Esterhazy

Comisario Cochefert

Sra. Henry

Maurice Paléologue

Políticos

Felix Faure

Godefroy Cavaignac

Jules Meline

Charles Maurras

Periodistas

Eduard Droumont

Jules Guérin

Henri Rochefort

Maurice Barrès

Peritos en escrituras

Alphonse Bertillon

Étienne Charavay

Teyssonnières

Pierre Varinard

Edme Belhomme

Emile Couard

Dreyfusistas
Familia

Lucie Dreyfus

Pierre Dreyfus

Jeanne Lévy Dreyfus

Mathieu Dreyfus

Abogados

Edgar Demange

Fernand Labori

Henry Mornard

Albert Clemenceau

Militares e intelectuales

Coronel Picquart

Comandante Forzinetti

Capitán Freysttaeter

Louis Leblois

Émile Duclaux

Francis de Pressense

Gabriel Monod

Victor Basch

Políticos

Casimir Perier

Émile Loubet

Scheurer-Kestner

Ives Guyot

Jean Jaurès

Georges Clemenceau

Ludovic Trarieux

Gabriel Hanataux

Escritores e historiadores

Émile Zola

Bernard Lazare

Joseph Reinach

Octave Mirbeau

Anatole France

Lucien Descapes

André Chevrillon

Jules Claretie

Periodistas

Ernest Vaughan

Séverine

Philippe Dubois

Georges Bourdon

Henry de Bruchard

Theodor Herzl

Victor Simon

Henri Deloncle

Peritos calígrafos
Peritos en el primer consejo de guerra

Alfred Gobert

Eugène Pelletier

Peritos consultados por Bernard Lazare incluidos en su obra *Une erreur judiciaire*

El 10 de noviembre de 1896 se muestra al mundo por primera vez un facsímil del *bordereau* que aparece en la portada del periódico *Le Matin*, este hecho, permite el estudio y cotejo de la nota manuscrita incriminatoria. Mathieu Dreyfus junto con el escritor Bernard Lazare, solicitan informes periciales caligráficos a los expertos más reconocidos del mundo con el fin de cotejar el *bordereau* con manuscritos genuinos de Alfred Dreyfus, los peritos que intervienen son:

Crépieux-Jamin
Grafólogo, dentista
Francia

William T. Preyer
Fisiólogo, psicólogo
Alemania

D. Nunes Carvalho
Detective, perito
Estados Unidos

Daniel T. Ames
Calígrafo, perito
Estados Unidos

W. Gray Birch
Experto en escrituras
Inglaterra

Paul Moriaud
Abogado, catedrático
Suiza

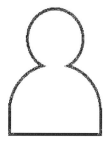

Holt Schooling
Escritor y grafólogo
Inglaterra

T. Henry Gurrin
Experto en escrituras
Inglaterra

Gustave Bridier
Grafólogo, perito
Francia

Ed. de Marneffe
Grafólogo
Bélgica

De Rougemont
Grafólogo, perito
Suiza

Hurst
Experto en escrituras
Suiza

Nuevos peritos calígrafos en el consejo de guerra a Esterhazy

Gabriel Monod

Burckhardt

Peritos calígrafos que se suman en el juicio de Émile Zola

Crépieux-Jamin

Paul Meyer

Édouard Grimaux

Louis Frank

Émile Molinier

Auguste Molinier

Louis Havet

Arthur Giry

Amédée Bourmont

Célerier

Jules Hericourt

Ludovic Trarieux

Expertos en escrituras y matemáticos en Rennes analizando la técnica de Bertillon

Paraf Javal

Jules Andrade

Paul Painlevé

C. Maurice-Bernard

Médicos fisiólogos y científicos que actúan en Rennes contra el método de Bertillon

Jules Hericourt   Émile Javal   Hippolyte Sebert

Peritos matemáticos en el Tribunal de Casación que analizan los estudios de Bertillon

Paul Appell   Henri Poncairé   Gaston Darboux

Otros protagonistas destacados

Von Schwartzkoppen   Coronel Panizzardi   Juez Bertulus   General André

Comandante Targe   Juez Ballot-Beaupré   Fiscal Baudoin   Juez Mazeau

Cronología

Para que pueda resultar de guía y un apoyo que ponga orden a los diferentes acontecimientos, se resumen los más destacados siguiendo un riguroso recorrido de la memoria histórica del caso Dreyfus y sus consecuencias.

1894

26 de septiembre:	Se descubre en la embajada alemana en París, una nota manuscrita anónima (*bordereau*) que ofrece información secreta militar concerniente con la artillería francesa.
Final de septiembre:	Sandherr redacta un informe junto con las copias del *bordereau* y se las muestra a las cuatro oficinas del Estado Mayor. Los generales Mercier, Gonse y Boisdefree junto con el coronel Sandherr inician una investigación.
6 de octubre:	El general d´Aboville y su oficial Fabre de la Cuarta Oficina comprueban que hay un capitán de artillería, Alfred Dreyfus, judío y alsaciano que tiene una letra parecida al *bordereau*.
9 de octubre:	Se reúnen con el experto en escrituras del Banco de Francia Alfred Gobert que estudia el *bordereau* y la letra de Dreyfus.
13 de octubre:	Gobert presenta su informe y concluye que la escritura no es la de Dreyfus. Recurren a Alphonse Bertillon y resuelve que Dreyfus es el autor de *bordereau*.
14 de octubre:	El general Mercier firma la orden de arresto a Dreyfus.
15 de octubre:	Dreyfus acude a las oficinas del Ministerio de la Guerra donde realiza un cuerpo de escritura dictado por el oficial du Paty de Clam y es arrestado como sospechoso de alta traición.
21 de octubre:	El general Mercier ordena que se realicen tres nuevos informes, Pelletier resuelve que el *bordereau* no es de Dreyfus; Teyssonnières y Charavay se reúnen con Bertillon y concluyen que Dreyfus ha autofalsificado su propia letra.
29 de octubre:	Du Paty escribe al general Boisdeffre, le informa que las pruebas son muy débiles para culpar a Dreyfus.
31 de octubre:	El comandante du Paty de Clam finaliza la instrucción.
1 de noviembre:	El periódico *La Libre Parole* anuncia el arresto del oficial judío A. Dreyfus por delito de alta traición. Le siguen violentas campañas de los diarios antisemitas.
19 de diciembre:	Comienza el consejo de guerra a Dreyfus, su defensa corre a cargo del abogado Edgar Demange.
20 de diciembre:	Segunda audiencia del proceso Dreyfus, testimonio falso del comandante Henry.
22 de diciembre:	Último día de juicio, acusación y alegato de Demange. Du Paty entrega al presidente el «dosier secreto». Sentencia condenatoria a la degradación y deportación a un recinto fortificado.

31 de diciembre:	Se desestima el recurso de revisión infundado interpuesto por Dreyfus contra la sentencia condenatoria.

1895

5 de enero:	Alfred Dreyfus es degradado en el patio principal de la Escuela Militar de París ante miles de personas. El capitán protesta a gritos de su inocencia.
15 de enero:	Dimisión del presidente de la República Casimir-Perier.
17 de enero:	Felix Faure es elegido nuevo presidente de la República, formando un nuevo gabinete, con Émile Zurlinden como ministro de Guerra y Ludovic Trarieux, ministro de Justicia.
18 de enero:	Dreyfus embarca a la Rochela para la isla de Ré.
21 de febrero:	Dreyfus sale de Francia dirección a la prisión en la isla del Diablo en la Guayana Francesa.
15 de marzo:	Llega Dreyfus a las islas de la Salvación.
13 de abril:	Trasportan a Dreyfus a la isla del Diablo.
1 de julio:	El comandante Georg Picquart sustituye al coronel Sandher y se convierte en el nuevo jefe de la Sección de Estadística.

1896

A principios de marzo:	Picquart descubre el *petit bleu*, un telegrama de la embajada alemana dirigido al comandante Esterhazy. Comienza una investigación a Esterhazy, los resultados arrojan que es una persona conflictiva con problemas económicos, de bebida y de mujeres.
6 de abril:	Picquart asciende a teniente coronel.
A finales de agosto:	El general Billot autoriza a Picquart la entrega de cartas manuscritas de Esterhazy y verifica el notable parecido con el *bordereau*; acude a du Paty que asegura que es la letra de Mathieu Dreyfus y a Bertillon que concluye que es la misma escritura del *bordereau*.
En septiembre:	Picquart informa a los generales Boisdeffre y Gonse, de la inocencia de Dreyfus y la necesidad de una revisión de su proceso, Gonse le ordena que no siga con la investigación y olvide el caso Dreyfus, Picquart se niega.
2 de septiembre:	Se publica en los periódicos la falsa noticia de la fuga de Dreyfus. Refuerzan las medidas de seguridad en la prisión.
Finales de octubre:	El general Billot, decide apartar a Picquart y lo trasladan al norte de África.
2 de noviembre:	Henry envía a Gonse documentos falsos contra Dreyfus.
6 de noviembre:	El escritor Bernard Lazare publica en Bruselas *Une erreur judiciaire, la verdad sobre el caso Dreyfus*; donde proclama el error judicial y la inocencia de Dreyfus.

10 de noviembre:	El periódico *Le Matin* presenta al mundo por primera vez un facsímil del *bordereau*, pieza confiada a Teyssonières para realizar su pericia.
	Al ver el bordereau Schwartzkoppen reconoce la letra de Esterhazy y se lo confiesa a su homólogo italiano Panizzardi.
16 de noviembre:	Bernard Lazare publica una segunda edición de *Une erreur judiciaire* impresa en París que incluye el *bordereau* y una entrevista con Bertillon y otros datos novedosos de interés.

1897

6 de enero:	Destinan a Picquart a Túnez.
18 de mayo:	Picquart envía una nota a Henry en protesta de las mentiras y misterios que ha dañado su situación en los últimos meses.
31 de mayo:	Henry responde a Picquart con amenazas y cuenta con el respaldo del general Gonse.
Finales de junio:	Picquart informa del resultado de sus investigaciones a su íntimo amigo el abogado Louis Leblois, le muestra las cartas de Henry y Gonse; le confiesa la convicción de la inocencia de Dreyfus, la culpabilidad de Esterhazy, las amenazas recibidas y la negativa del Estado Mayor de actuar.
13 de julio:	Leblois se reúne con el senador alsaciano Scheurer-Kestner, vicepresidente del Senado y le revela las confidencias de su amigo Picquart y la necesidad de una revisión a Dreyfus.
14 de julio:	Scheurer-Kestner declara a sus colegas del Senado que acaba de obtener la convicción de la inocencia de Dreyfus y que hará todo lo posible para que se haga justicia.
Marzo-agosto:	Mathieu encarga periciales caligráficas a los mejores expertos del mundo.
A mediados de año:	Bernard Lazare publica *Une erreur judiciaire, L´Affaire Dreyfus*; se incluyen los informes periciales solicitados por Mathieu de doce de los más notables peritos calígrafos del mundo, donde acreditan que el *bordereau* no ha sido escrito por Dreyfus.
16 de octubre:	El general Gonse se reúne con du Paty de Clam y Henry, deciden advertir a Esterhazy sobre la investigación de Picquart.
30 de octubre:	Scheurer-Kestner se reúne con el general Billot donde se compromete a hacer una investigación que nunca se hizo.
7 de noviembre:	Picquart recibe una carta de Esterhazy con amenazas.
12 de noviembre:	Picquart envía una copia de la carta de Esterhazy al ministro y pide que se abra una investigación.
14 de noviembre:	Scheurer-Kestner informa a través de los periódicos *Le Temps* y *Figaro* la entrevista que tuvo con Billot, da fe de la inocencia de Dreyfus y afirma que se conoce al verdadero culpable.

15 de noviembre:	Mathieu Dreyfus aconsejado por el senador Scheurer-Kestner, denuncia públicamente al comandante Esterhazy como autor del *bordereau* a través de una carta abierta al general Billot.
17 de noviembre:	El general Pellieux inicia la primera investigación a Esterhazy.
2 de diciembre:	Esterhazy aconsejado por su abogado y los generales, solicita a Pellieux que lo envíe a un consejo de guerra.
14 de diciembre:	El comandante Ravary encarga tres informes periciales a los peritos calígrafos Couard, Varinard y Belhomme.
24 de diciembre:	Los expertos presentan un informe que afirma que la escritura del *bordereau* es obra de un imitador de Esterhazy.
31 de diciembre:	Ravary termina su investigación.

1898

6 de enero:	Trarièux solicita al ministro de Guerra que aclare en la reunión del Consejo los puntos sospechosos del juicio de 1894 y la investigación de Esterhazy.
10 de enero:	Comienza la corte marcial al comandante Esterhazy.
11 de enero:	Sentencia absolutoria a Esterhazy.
13 de enero:	Se publica en el joven periódico *L´Aurore* el titular «J´Acusse...! Letre au président de la république» por Émile Zola, denunciando los autores de la injusticia cometida en 1894 y las maniobras destinadas a encubrirlas.
	Picquart es arrestado y conducido a Mont-Valérien. El senador Scheurer-Kestner pierde la vicepresidencia del Senado.
	Esterhazy se jubila del ejército.
14 de enero:	Miembros del Instituto y otros «intelectuales» dirigen una petición a la Cámara para pedirle que "mantenga contra toda arbitrariedad las garantías legales de los ciudadanos".
18 de enero:	El general Billot presenta denuncia contra Zola y el gerente de *L´Aurore* Perrenx.
	Manifestaciones antisemitas en las principales ciudades francesas: Burdeos, Marsella, Nantes, Rouen. En París miles de individuos gritan a favor del ejército y muerte a los judíos.
7 de febrero:	Comienza el juicio a Émile Zola ante el Tribunal de lo Penal del Sena.
9 de febrero:	Manifestaciones violentas contra Zola, Yves Guyot es atacado por una banda dirigida por el periodista antisemita Guérin.
12 de febrero:	Grave enfrentamiento en la sala entre Picquart y Henry.
20 de febrero:	Trarieux se reúne con un grupo de intelectuales y académicos (Havet, Meyer, Dr. Hericourt, Duclaux, Giry, Grimaux), les expone su proyecto y los invita para fundar la Liga para la Defensa de los Derechos del Hombre y del Ciudadano.
21 de febrero:	Requisitoria del abogado Van Cassel y declaración de Zola.

23 de febrero:	Se dicta sentencia, condenan al gerente del diario L´Aurore a cuatro meses de prisión y 3 000 francos y a Émile Zola a un año de prisión y 3 000 francos.
26 de febrero:	Picquart es destituido de la armada. Duelo a pistolas entre Clemenceau-Drumont, sin resultar ninguno herido.
5 de marzo:	Duelo a espadas entre Picquart y Henry, este último resultó herido en su brazo derecho.
2 de abril:	La Corte de Casación anula la sentencia que condena a Zola y a Perrenx por falta de denuncia del consejo de guerra.
8 de abril:	El consejo de guerra que absolvió a Esterhazy, presenta una denuncia contra Zola y Perrenx.
23 de mayo:	El proceso de Zola va al Tribunal de lo Penal de Versalles.
4 de junio:	Primera Asamblea de la *Liga de los Derechos Humanos del Ciudadano* celebrada por los principales defensores de Dreyfus, destacados políticos, escritores, científicos y académicos.
3 de julio:	Lucie Dreyfus solicita al ministro de Justicia que anule la sentencia de 1894 a causa de la comunicación secreta hecha a los jueces. El ministro no accede por falta de pruebas.
16 de junio:	El Tribunal de Casación rechaza el recurso de Zola y Perrenx contra la doble sentencia de incompetencia dictada por el Tribunal de lo Penal de Versalles.
3 de julio:	Esterhazy agrede a Picquart en la plaza Victor Hugo.
9 de julio:	La novena Cámara correccional condena a Zola a dos meses de prisión y una multa de 2 000 francos, a Perrenx a una multa de 500 francos y solidariamente a 5 000 francos en daños y perjuicios a cada uno de los peritos en el juicio de Esterhazy (el 10 de agosto el Tribunal de Apelación dobla la indemnización a 10 000 francos a los peritos).
	Christian Esterhazy declara al juez Bertulus que fue víctima por parte de su primo de un fraude de 38 000 francos.
12 de julio:	El ministro de Guerra Cavaignac, presenta denuncia contra Picquart y Leblois.
	El juez Bertulus ordena el arresto a Esterhazy.
13 de julio:	Picquart es detenido en el despacho del juez Fabre y encarcelado en la Santé.
18 de julio:	El Tribunal de Versalles ratifica la condena de Zola.
27 de julio:	El fiscal solicita al juez Bertulus que se declare incompetente para investigar al coronel du Paty.
28 de julio:	El juez Bertulus se declara competente para investigar a du Paty como cómplice de delito de falsificación con Esterhazy.
5 de agosto:	La Corte de Casación rechaza los recursos de Zola y Perrenx.
12 de agosto:	Dejan libre a Esterhazy por falta de pruebas.
13 de agosto:	El capitán Cougnet descubre el *falso Henry*.

30 de agosto:	Henry confiesa al ministro de Guerra Cavaignac haber falsificado un documento para incriminar a Dreyfus. Se ordena la detención de Henry a la prisión de Mont-Valérien.
31 de agosto:	Henry se suicida en la prisión. El general Boisdeffre dimite como jefe del Estado Mayor.
1 de septiembre:	Esterhazy huye de París y se refugia en Londres.
3 de septiembre:	Lucie Dreyfus presenta un nuevo recurso de apelación en base a los nuevos acontecimientos, especialmente por el *falso Henry* y las contrariedades de los peritos calígrafos. Dimisión del ministro de Guerra Cavaignac.
5 de septiembre:	El general Zurlinden nuevo ministro de Guerra, solicita una investigación a Picquart como autor de falsificar el *petit bleu*.
17 de septiembre:	Dimisión del ministro de Guerra Zurlinden. El general Chanoine sustituye a Zurlinden.
15 de octubre:	El fiscal general Manau concluye que la solicitud de revisión de Lucie Dreyfus es procedente, que se anule la sentencia de 1894 o, en su defecto, que se lleve a cabo una investigación.
29 de octubre:	La Sala Penal declara recibida la solicitud y decide abrir una investigación.
7 de noviembre:	Joseph Reinach acusa en el periódico *le Siècle* que Henry fue cómplice con Esterhazy, ratifica esta acusación en el mismo periódico el 8 de diciembre.
26 de noviembre:	El magistrado y asesor de Casación Laurent Atthalin solicita un informe pericial para examinar el papel cebolla encontrado en la casa de Esterhazy y el papel del bordereau, los informes concluyen que presentan notables similitudes.

1899

Enero – febrero:	Investigación del Tribunal de Casación para la revisión.
27 de enero:	La viuda de Henry demanda a Reinach por injurias.
16 de febrero:	Muere el presidente de la República Felix Faure, contrario a la revisión del juicio de Dreyfus.
18 de febrero:	Émile Loubet con pensamiento dreyfusista, es elegido nuevo presidente de la República.
Abril – mayo:	Investigación por el Tribunal de Casación para la revisión del juicio a Dreyfus.
3 de junio:	La Corte Suprema de Apelación anula la sentencia de 1894 y ordena que regrese Dreyfus para celebrar una nuevo juicio. Esterhazy admite la autoría del *bordereau*. Zurlinden ordena el arresto a du Paty de Clam.
5 de junio:	Se notifica a Dreyfus la decisión del Tribunal de Casación. Émile Zola regresa de su exilio a París.
9 de junio:	Dreyfus embarca en el navío *Sfax* y sale de la isla del Diablo.

30 de junio:	La Cámara de la Corte de Paris ordena la libertad de Picquart. Dreyfus llega a la costa francesa desembarca en Port-Haliguen y es conducido a la prisión militar en Rennes.
1 de julio:	Dreyfus se reencuentra con su esposa.
7 de agosto:	Comienza el 2º consejo de guerra a Alfred Dreyfus en el Liceo de Rennes.
13 de agosto:	El antisemita Jules Guérin tiene una orden de arresto como sospechoso por intento de golpe de Estado, se refugia junto con unos hombres armados en la sede de su periódico en la rue de Chabrol «Fuerte Chabrol».
14 de agosto:	El abogado Labori sufre un atentado, recibe un disparo por la espalda cuando iba caminando hacia el juicio.
20 de agosto:	Batalla campal en la plaza de la República de París entre dreyfusistas y antisemitas, con el resultado de cientos de heridos y el saqueo de la iglesia de San José.
22 de agosto:	Labori regresa al consejo de guerra, su entrada es celebrada con aplausos y muestras de solidaridad.
9 de septiembre:	Sentencia a Dreyfus, la corte marcial declara por 5 votos a 2: «El acusado es culpable con circunstancias atenuantes», lo condenan a diez años de prisión. Dreyfus firma un recurso de revisión.
12 de septiembre:	Dreyfus firma el indulto aconsejado por su hermano Mathieu y el ministro de Guerra Gallifet, a cambio retira el recurso.
19 de septiembre:	El presidente de la República Émile Loubet firma el perdón. Muere de cáncer del senador Scheurer-Kestner.
21 de septiembre:	Dreyfus se reencuentra por primera vez desde su arresto con su hijo Pierre (8 años) y Jeane (6 años).

1900 - 1902

29-05-1900:	El general Louis André, republicano y anticlerical, se convierte en el nuevo ministro de Guerra.
Diciembre de 1900:	Se reúnen Mathieu Dreyfus y Labori, después de una tensa reunión, el abogado insiste que debe romper con Demange, Mathieu se niega y dice: «Todo ha terminado entre nosotros».
Mayo de 1901:	Dreyfus publica sus memorias en *Cinco años de mi vida*.
2-06-1902:	Reinach debe indemnizar a la viuda de Henry por 1 000 francos de los 200 000 que pedía en el proceso Henry-Reinach.
29-09-1902:	Émile Zola muere en su casa de asfixia por la fuga de humo de la chimenea de su habitación, se sospecha que fue asesinado por algún antisemita.
5-10-1902:	Entierro de Zola en el cementerio de Montmartre, en París, al funeral acudieron miles de personas entre las que se encontraban Dreyfus, Jaures, Lazare y Anatole France.

1903

Finales de abril:	A petición de Dreyfus, el Primer Ministro autoriza al general André que inicie una investigación personal.
Junio – octubre:	Investigación del proceso a Dreyfus de 1894 por el ministro de Guerra André.
19 de octubre:	El ministro de Guerra presenta al presidente del Consejo los resultados de su investigación.
1 de septiembre:	Muere Bernard Lazare de cáncer a los 38 años.

1904

5 de marzo:	La Sala de lo Penal de la Corte de Casación admite el segundo recurso de revisión y ordena una nueva investigación.
7-03 al 19-11:	Segunda investigación de revisión en la Sala de lo Penal.
15 de septiembre:	Dimisión del general André.

1906

15-06 al 12-07:	Segunda Revisión: Audiencia de las Cámaras Combinadas. El abogado Monard solicita que se anule el veredicto de Rennes sin un nuevo juicio, recuperar su honor, renuncia a compensación monetaria y que el fallo se publique en los periódicos. El presidente de la Corte Suprema de Apelaciones, Ballot-Beaupré: Anula el veredicto de Rennes, sin un nuevo juicio, se le concede la rehabilitación y se proclama su inocencia.
13 de julio:	La Cámara propone la investidura de Dreyfus; la reincorporación de Picquart y se acuerda el traslado de las cenizas de Zola al Panteón.
9 de julio:	Duelo con pistolas entre Picquart y Gonse, el coronel permaneció inmóvil y no dispara.
21 de julio:	Se rehabilita Dreyfus con el rango de jefe de Escuadrón y condecorado con la cruz de la Legión de Honor y se reintegra Picquart con el grado de general de Brigada.

1908 – 1935

4-06-1908:	Ceremonia para trasladar las cenizas del cementerio de Montmartre al Panteón, durante el acto Dreyfus sufre un atentado, recibe dos disparos por un antisemita con las consecuencias de una herida en su brazo izquierdo.
12-07-1935:	Muere Alfred Dreyfus a los 75 años a consecuencia de una grave afección de riñones.

Los que no pueden recordar el pasado están condenados a repetirlo.
Jorge Santayana

1894

Descubrimiento del *bordereau* - Investigación de posibles autores - Dictado y acusación al capitán Dreyfus - Detención - Consejo de guerra

1894. Descubrimiento del *bordereau*. Acusación y arresto

A finales del siglo XIX, Europa vive con la resaca de la guerra franco-prusiana de 1870 que enfrenta a Francia con el reino de Prusia, el Imperio alemán sale vencedor de este conflicto y anexiona las regiones de la Alsacia y Lorena.

Otro sonoro fracaso para Francia ocurre en 1892 con el escándalo de Panamá, una compañía francesa encargada de la construcción del canal de Panamá que tras años de recaudar fondos de cientos de millones de francos, fracasa con el proyecto; se inicia una campaña de corrupción y engaños, pagando sobornos a periodistas, comprando políticos y miembros del parlamento francés, la empresa finalmente se declara en quiebra, las consecuencias resultan fatales para el país, provoca la bancarrota financiera, un perjuicio superior a mil millones de francos y la ruina de miles de inversores franceses, se considera el mayor escándalo de corrupción del siglo XIX.

La implicación directa en el proyecto de dos judíos de origen alemán: el banquero barón Jacques Reinach y el empresario Cornelius Herz, provoca un fuerte crecimiento y desarrollo antisemita en la población francesa.

Desde el fin de la guerra franco-prusiana y la derrota francesa con la pérdida de los territorios de Alsacia y Lorena, se genera un gran resentimiento en Francia. La situación en Europa es muy tensa y los países enemigos se vigilan y controlan por cualquier vía posible. El Ministerio de la Guerra francés, cuenta con un departamento que lucha contra el espionaje, llamado oficialmente «Sección de Estadística», el inofensivo nombre con el que se disfraza el servicio de contraespionaje de los militares franceses, también conocido como Oficina de Inteligencia.

En 1887 el mayor Sandherr asume el mando de la Sección; asciende a teniente coronel en 1891 bajo las órdenes directas del general Gonse.

Sandherr cuenta con «agentes dobles», empleados que hacen el papel de espías a cargo del ejército francés.

Uno de los agentes más efectivos en la Sección de Estadística, es un alsaciano, Martin-Joseph Brücker que recluta personas para trabajar como confidentes al servicio de contraespionaje, dentro de esta red hay personal en las embajadas, oficinistas, ayudantes de cámara, mujeres de servicio que se encargan de registrar cajones, espiar a los visitantes, escuchar conversaciones y apoderarse de documentos.

Pero un contratiempo a causa de una aventura romántica compromete la carrera del excelente agente Brücker, una notable pérdida para el Servicio de Inteligencia francés. La señora Millescamps, antiguo amor del agente, movida por celos y rabia, al terminar la relación denuncia a su amante en la embajada alemana, por suerte para Brücker no la creen, por otro lado, este acusa a la Sra. Millescamps ante las autoridades francesas de haberle robado documentos para llevárselos a los alemanes. Es procesada y condenada por espionaje el 3 de enero de 1894 a cinco años de prisión.

La Sección de Estadística está obligada a prescindir de uno de sus mejores hombres ya que se considera «quemado» (al ser descubierto ante los alemanes).

Entre el personal que recluta Brücker, se incorpora en 1889 Marie Reine Caudron, más adelante, la Sra. Bastian (esposa de Bastian, un exguardia republicano). La embajada alemana la contrata para limpiar las oficinas, lavar las escaleras, encender las estufas, vaciar las papeleras, etc., sin embargo, en lugar de deshacerse de los papeles, los recoge y guarda para futuras entregas. Con el tiempo se gana la confianza de la embajada, incluso llega a sustituir al conserje y aprovecha para sustraer documentos. La Sra. Bastian trabaja con el seudónimo de Auguste y la entrega de documentos se conoce como «la vía ordinaria».

Marie Bastian

Una vez cada dos semanas, tiene un encuentro para entregar el material incautado, preferentemente en lugares tranquilos, como iglesias, la entrega la hace en conos, primero al agente Brücker, pero al ser descubierto a comienzos de 1894, se sustituye por el mayor Henry.

Los documentos se llevan a la Sección de Estadística, donde se reconstruyen los que están rotos o dañados y se traducen si están escritos en alemán. Bastian proporciona al servicio de inteligencia francés cientos de papeles, cartas de amor, notas, facturas, pero también, entre tantos documentos, algunos muy valiosos.

En 1894 el jefe de la Sección es el coronel Sandherr, asistido por los comandantes Cordier y Henry, los capitanes Matton y Lauth, y el archivista Gribelin.

Descubrimiento el *bordereau*

A final de septiembre se descubre en la embajada alemana una nota manuscrita anónima conocida como el *bordereau,* donde pone a disposición del agregado militar alemán una relación de informes militares secretos franceses.

Cómo llega en verdad el famoso *bordereau* a la Sección de Estadística sigue siendo un misterio, existen dos hipótesis: La primera es la conclusión a la que llega el escritor y político judío, Joseph Reinach tras su investigación y que presenta en 1903 en el primer volumen de su obra magna *Histoire de l'affaire Dreyfus,* donde defiende que fue la audacia del agente secreto Brücker que se apodera del sobre que contiene el *bordereau* antes de llegar a su destino; y la segunda hipótesis, considerada la oficial, defiende que llega a través de la «vía ordinaria», es decir, la Sra. Bastian le entrega al comandante Henry un cono con papeles, entre ellos iba fragmentado el *bordereau*.

Se va a mostrar con mayor detalle ambas hipótesis y que la discreción del lector saque sus propias conclusiones:

1ª hipótesis. Joseph Reinach expone los resultados de su investigación:

«*En cuanto a la forma que llegó el* bordereau; *Mercier, Gonse, los oficiales de oficina, Lauth, Gribelin; todos repiten la misma versión: "Fue entregado a Henry por la -vía ordinaria- de la embajada de Alemania a través de la señora Bastian"; como todo lo que salió de la bolsa de papel, estaba "en pedazos"*». (Reinach, 1903, T1, pp. 39-40)

Reinach incluye la declaración del archivista Gribelin en Rennes, que dice:

«Gribelin se dio cuenta de la imprudencia que había cometido al relatar así el comentario de Henry: Mira lo que me fue dado, y corrige: Mira lo que encontré. En su primera versión, Gribelin dejó escapar la admisión de que Brücker le había dado el borderau *a Henry; en el segundo, cambia y dice que iba en el cono de la Sra. Bastian».*

Al escritor le resulta muy sospechoso que el *borderau* está cortado por dos rasgaduras, incompletas, antes de volver a unirlas, las dos piezas se mantienen unidas por un extremo común; sin embargo, los papeles que llegan con el cono de la señora Bastián, los

Joseph Reinach

recoge ella de la chimenea, se encuentran dañados, arrugados, sucios, a menudo carbonizados. Este por el contrario, a pesar de ser tan frágil, no presenta arrugas ni suciedad, tiene unos cortes lisos y limpios.

Renach considera que toda esta escena ha sido inventada, afirma que los funcionarios de la oficina no habían sido informados hasta algún momento de octubre, por el coronel Sandherr o por Cordier..., el capitán Lauth llega a declarar que Henry había recibido el cono la noche anterior y lo había pegado en casa, sin ocuparse por los otros papeles.

La conclusión de Reinach donde detalla cómo llega a las manos de Henry el *bordereau* y su posterior actuación, lo expone en estos términos:

«Cuando Henry lo recibió, no estaba en pedazos y, por lo tanto, Henry no tuvo que reconstituirlo. Razona y mira. Que Schwarzkoppen tirara a la papelera o a la chimenea los borradores que escribía o las insignificantes cartas que recibía ya era una imprudencia. ¡Pero una carta como esta, anunciando y acompañando documentos importantes, la carta de un oficial, un traidor a su salario! Y esta carta que habría tirado así, ni siquiera estaba rota en pedazos, ni siquiera arrugada.

En un examen detenido, aparece el carácter ficticio de las rupturas. No es así como se rompe una carta, antes de arrojarla desdeñosamente en el cesto que vaciará un criado. Mientras este papel no se haya convertido en polvo, será en sí mismo una prueba de que no proviene del cono, que Bastian no lo recogió de algún trapero y que Schwarzkoppen no lo recibió.

¿De dónde vino?

Hemos visto al agente Brücker caer en desgracia después del asunto Millescamp, quejándose de su desgracia, buscando volver a ganarse el favor mediante alguna hazaña. El atrevido había encontrado. Había ido a la portería de la embajada alemana un día en que Bastian reemplazaba allí a la esposa del viejo Pessen, y allí había tomado la carta, que probablemente había llegado por correo, del casillero de Schwarzkoppen, entonces de permiso, en Berlín; o Bastian, que le deseaba lo mejor, se la había dado, habiéndolo robado ella misma.

Las notas, anunciadas por el traidor al coronel prusiano, estaban en otro paquete que llegó a su domicilio. Brücker abre el sobre y el mismo día le lleva a Henry su precioso hallazgo.

Apenas Henry puso sus ojos en él, reconoció su letra, la de un amigo de veinte años, con quien estaba familiarizado, que no tenía nada escondido para él, su antiguo camarada...

Si Henry es cómplice de Esterhazy, la carta robada abre el abismo bajo sus pies. Sea el socio del traidor o simplemente su amigo. Si la carta hubiera venido, en pedazos, por el cono, la operación habría sido, en efecto, fácil y sin peligro. La Bastian era analfabeta, encerraba desordenadamente en paquetes los fragmentos de papel desparramados que recogía sin intentar juntarlos y leerlos. Ningún rastro, esta vez, habría quedado del crimen. Pero Brücker conoce el valor de las cosas, leyó la carta, calculó el precio, el agente, demasiado inteligente, no se dejará engañar...

Pensándolo bien, ¿cuál es el riesgo de que Henry le lleve la carta a Sandherr? Ya, este hecho por sí solo lo cubre. La investigación se ordenará en el Ministerio de la Guerra; como Esterhazy no forma parte del Estado Mayor, será en vano. Tras unos días de agitación, ante la imposibilidad de encontrar al culpable en el ministerio, la carta será clasificada, se unirá, bajo la custodia de Henry, en el hipogeo de los archivos, a tantos otros papeles inútiles. Entonces Henry decide no destruirla; solo que la rompe para hacer creer a los vulgares iniciados que procede del cono de la Sra. Bastian.

Espera la próxima entrega; luego, habiendo vuelto a pegar la carta, la presentará con otros documentos, que en realidad proceden de los paquetes del Bastian. Informará a los grandes líderes, si es necesario, de la audacia de Brücker y del ingenioso proceso que encontró para ocultar el inconfesable robo.

La versión oficial será que el bordereau, *despedazado, llegó por la vía ordinaria. Versión falsa, ya que el* bordereau *había sido interceptado antes de llegar a su destino. Una versión absurda, que se atrevía a proponer hasta a los tontos, porque Schwarzkoppen no tenía la costumbre de tirar las cartas de sus espías a la papelera. Así comenzó l'Affaire, con una mentira».* (Reinach, 1903, T.1, pp. 42 y ss.)

Esta postura es la que defiende y reconoce el propio embajador alemán de París, el coronel Maximiliano von Schwarzkoppen en la obra *Les carnets de Schwartzkoppen: La Vérité sur Dreyfus* que contiene la reproducción exacta de sus manuscritos, sumamente interesantes, publicada en 1930 años después de la muerte del embajador, por el historiador militar Bernhard Schwertfeger, lo expone de esta forma:

«El resultado de todo esto, es que el bordereau *jamás ha estado entre mis manos, que fue depositado por Esterhazy en la embajada, entre el 16 de agosto y el 1 de septiembre, antes de su partida para las maniobras y que, tuvo que ser llevado por una tercera persona a la Oficina de Inteligencia francesa. Curiosamente, Esterhazy y yo nunca discutimos sobre esta obra, por lo que solo supe de su existencia en 1896, cuando apareció su facsímil en* Le Matin.

Esterhazy debió pensar, por supuesto, que la nota había llegado a su destino. Nunca se ha establecido con certeza quién lo entregó a la Oficina de Inteligencia francesa; Sin embargo, según todo lo que hemos sabido del espionaje en el que se dedicaba la señora Bastian, empleada en la embajada como señora de la limpieza, no cabe duda de que colaboró en el mismo.

Cuando llegué a París, la señora Bastian ya tenía su trabajo en la embajada. A menudo dije que era peligroso confiar este servicio a una mujer francesa, pero siempre me tranquilizaba, y desde varios lugares, diciéndome que la señora Bastian era perfectamente segura, y además demasiado estúpida para trabajar como espía.

Su función era limpiar las oficinas de los agregados militares y navales, encender el fuego. También tenía que vaciar las papeleras en las que tiraban todos los papeles que yo consideraba sin importancia, generalmente desgarrados en pedacitos. Dado que se admitía que la señora Bastian utilizaba estos papeles para hacer fuego, o honestamente los hacía desaparecer de alguna otra forma, bien podíamos a veces tirar papeles que pudieran interesar a las personas que quisieran tener información sobre mi forma de vida y de mis relaciones.

De esta manera, la información importante difícilmente podría llegar a la Oficina de Inteligencia francesa. Cierto es que para esto se han utilizado otros caminos, muy distintos y sucios.

Que el papelito no se haya encontrado en la papelera ya es consecuencia de que nunca lo recibí. Bastian o algún agente secreto debió encontrarlo en mi casillero en la zona del conserje y, para que pareciera que provenía de mi papelera, lo rompió en pedazos pequeños. En cuanto al viejo conserje, Pessin, así como a su esposa, inglesa de nacimiento, estoy convencido de que no tuvieron parte alguna en todo el asunto. El 24 de septiembre partí para Berlín y regresé a París el 9 de octubre. (Schwertfeger, 1930, pp. 21 y ss.)

2ª hipótesis. La oficial

Esta es la hipótesis que declaran los oficiales y jura Henry ante los tribunales y mantiene desde el primer consejo de guerra, es la postura oficial que se encuentra en la mayor parte de la bibliografía histórica:

«*En la segunda quincena de septiembre, la vía ordinaria remite al comandante Henry un corneto que contiene el* bordereau *y otras cinco cartas fechadas el 4, 21, 25, 26 de agosto y el 2 de septiembre de 1894. El coronel Sandherr recibe del comandante Henry el* bordereau *reconstruido y se lo mostró a los capitanes Lauth y Matton y al archivista Gribelin*». (Dutrait-Crozon, 1909, p. 5)

«*El 24 de septiembre de 1894, el comandante Henry, quien llegó temprano a su oficina, llamó al archivero Gribelin y le dijo: "'Mira lo que me han dado, es fuerte. Y espero que lo vamos a agarrar..."*

La pieza que sostenía Henry era una hoja de papel de cebolla, de color amarillento, con una marca de agua con rayas en taladros de cuatro milímetros. La habían desgarrado en tres o cuatro pedazos. El papel había sido recolado y, según testigos que lo vieron en ese momento, estaba "absolutamente seco". Henry declaró que este documento era parte de una bolsa de papel que la mujer de Bastian le había entregado». (Charpentier, 1933, p. 14)

Contenido del *bordereau*

De una u otra forma, llega la nota manuscrita anónima al Servicio de Estadística, cuyo contenido dice así:

«Sin noticias que me indiquen que usted desea verme, le dirijo, no obstante, algunos informes interesantes:
1º. Una nota sobre el freno hidráulico del 120 y la condición como la pieza se ha portado.
2º. Una nota sobre las tropas de cubrimiento (algunas manifestaciones serán introducidas en el nuevo plan).
3º. Una nota sobre las modificaciones que se introducen en las formaciones de la artillería.
4º. Una nota relativa a Madagascar.
5º. El proyecto de Manual de Tiro de Campaña (14 de marzo de 1894).
Resulta difícil hacerse con este último documento y solo puedo tenerlo a mi disposición por unos cuantos días. El ministro de Guerra ha enviado un número fijo a los cuerpos, y estos son los responsables. Cada oficial que posea uno debe devolverlo después de las maniobras. Si quiere usted anotar lo que le convenga y tenerlo a mi disposición, después lo recogeré, a menos que prefiera que lo haga copiar "in extenso" y que le mande una copia. Voy a salir de maniobras».

En el primer punto del *bordereau* detalla que dispone de información interesante sobre el freno hidráulico del cañón de 120 y el modo como la pieza se ha comportado

Henry muestra el *bordereau* a sus colegas de la Sección de Estadística, el capitán Lauth, el archivista Gribelin y el coronel Sandherr. Intenta reunirse con el general Boisdeffrre, jefe del Estado Mayor General, pero está ausente por lo que deciden informar al ministro de la Guerra, el general Mercier.

Louis Tomps, un oficial de policía adscrito a la Sección de Estadística, hace copias del *bordereau* y se las envían a los jefes de las cuatro oficinas.

El 6 de octubre de 1894 el jefe de la cuarta oficina, el general Henri d´Aboville, confía que puede tratarse de uno de los oficiales de artillería de su departamento, revisa la lista de estos, junto con su oficial superior, Fabre, comprueban que uno de los capitanes se llama Alfred Dreyfus, de religión judía y alsaciano, además, tiene una nota negativa (31-12-1893). Seguidamente, buscan su escritura en el expediente y la cotejan con la caligrafía del *bordereau*, observan que hay «importantes similitudes». El oficial Fabre informa del resultado al general Gonse.

Alfred Dreyfus (1894)

[Alfred Dreyfus nace el 9 de octubre de 1859 en Mulhouse, en el seno de una familia acomodada dedicada a la industria del tejido, es el menor de nueve hijos. A los 11 años presencia la entrada del ejército prusiano a su ciudad. Tras la derrota francesa y la pérdida de los territorios Alsacia y Lorena, la familia Dreyfus se traslada a Basilea, Suiza. En 1873 estudia bachillerato en París, finaliza en 1876; en 1878 ingresa en la Escuela Politécnica; en 1880 se gradúa en la Escuela de Artillería, asciende en 1882 con el rango de segundo teniente en el regimiento de artillería, en 1889 a capitán, al año siguiente ingresa en la Escuela de la Guerra. En 1890 se casa con Lucie Hadamard, que proviene de una rica familia de comerciantes de diamantes originaria de Metz; pasado un año nace su hijo Pierre, y dos años más tarde (1893) su hija Jeanne; el mismo año se convierte en oficial a prueba del Estado Mayor General del Ministerio de la Guerra, se convierte en el único judío con este cargo].

Se reúnen los generales Gonse, Boisdefree, Mercier y el coronel Sandher para establecer una línea de investigación.

El general Gonse sabe que hay un comandante llamado du Paty de Clam, que es aficionado a la grafología, por lo que deciden consultarle sobre la escritura del *bordereau* y la indubitada de Dreyfus, du Paty concluye que son muy similares, seguidamente le encomiendan la instrucción del caso.

El general Mercier informa del descubrimiento del manuscrito al presidente de la República Casimir-Périer y al jefe de la policía, Louis Lépine, les informa que se tiene sospechas de un capitán de artillería.

El *bordereau* también conocido como *memorandum*, es una nota manuscrita anónima, sin fechar ni firmar, fragmentada en seis trozos y cuidadosamente reconstruida; contiene 30 líneas escritas sobre un papel cebolla transparente y cuadriculado, con 18 líneas en su anverso y 12 en el reverso

Alfred Gobert

El 9 de octubre de 1894 los generales Mercier, Boisdeffre y Gonse se reúnen con Alfred Gobert, experto de escrituras del Banco de Francia; le entregan un expediente preparado por du Paty para que analice la letra del *bordereau* con la escritura de Dreyfus.

La primera impresión de Gobert sobre el *bordereau* es que se trata de una caligrafía regular, homogénea, muy normal; indica un grafismo espontáneo, no estudiado.

Gobert propone la toma de fotografías del *bordereau* para proceder de manera más completa a la verificación y recomienda al jefe del servicio de identidad judicial, Alphonse Bertillon, inventor del método antropométrico, para realizar las fotografías en la jefatura de policía.

El mismo día el Ministerio de la Guerra solicita ayuda a Bertillon para realizar las reproducciones y ampliaciones del *bordereau*.

El 13 de octubre de 1894 el experto del Banco de Francia entrega su informe que concluye que la nota anónima no ha sido escrita por el sospechoso:

«Ambas escrituras presentan el mismo tipo gráfico, sin embargo, existen numerosas e importantes diferencias que conviene tener en cuenta.

La escritura del bordereau es natural, espontánea y muy rápida, lo que excluye la hipótesis de un disfraz. Conclusión: El anónimo podría ser de otra persona distinta a la sospechosa». (Reinach, 1903, T. 1, pp. 82 y ss.)

Contrariados con el resultado del experto del Banco de Francia, deciden reunirse de forma inmediata con Bertillon, su función como jefe del servicio de identidad judicial era la fotografía y el estudio antropométrico. Le entregan el expediente, a pesar de no ser experto en escrituras y nunca haber realizado una pericial de verificación de letras, se compromete a hacer el estudio.

Bertillon llega al siguiente resultado:

«El acusado ha falseado parcialmente su escritura e imitado algunas palabras, modificándolas hasta el punto de que todas las diferencias que se observan entre la escritura del bordereau *y la de Dreyfus, han sido alteradas de forma deliberada».*

Con la conclusión favorable de Bertillon, los generales ya tienen una causa justificada para proceder a la detención del capitán Dreyfus.

Alphonse Bertillon

El sábado 13 de octubre de 1894 Alfred Dreyfus recibe una nota de servicio para una inspección general el próximo lunes en el Ministerio de la Guerra.

El lunes 15 de octubre de 1894 el capitán Dreyfus sale de su vivienda dirección a las oficinas del ministerio, lo recuerda así:

«El lunes por la mañana me despedí de los míos. Mi hijo Pedro, por aquel entonces de tres años y medio, que acostumbraba a venir conmigo hasta la puerta cuando yo salía, me acompañó aquella mañana, según su costumbre. Este fue uno de los más vivos recuerdos durante mi infortunio; con mucha frecuencia, en mis noches de dolor y de desesperación he revivido aquel momento en que estreché a mi hijo por última vez entre mis brazos; de allí sacaba una dosis de fuerza y de voluntad». (Dreyfus, 1901, p. 12)

Al llegar al Ministerio de la Guerra lo recibe el comandante Picquart (fue uno de sus profesores), lo acompaña hasta la oficina del general Boidesffre, donde lo está esperando de uniforme el comandante du Paty, en la misma sala se encuentra el archivista Gribelin, el comisario de policía Cochefert y su secretario.

El comandante du Paty finge tener una herida en la mano y le pide a Dreyfus que escriba una carta; a pesar de la extraña situación, el capitán se acomoda y comienza a escribir lo que le va dictando el comandante: «Antes de salir de maniobras» continúa enumerando los puntos del *bordereau*, a medio de dictar, se detiene y le pregunta a Dreyfus: «*¿qué os pasa capitán? ¿Por qué tembláis?, Nada de eso mi comandante, tengo frío en los dedos»*, responde sorprendido y sigue escribiendo inalterable.

AVANT L'ARRESTATION

(Phot. Pierre Petit et Pirou, insti. Saint-Germain.)

1. Photographie du groupe de promotion de l'École de Guerre (1892), dans lequel se trouve le capitaine Alfred Dreyfus. — x Alfred Dreyfus.
2. M. Cochefert, chef de la Sûreté, qui, le premier, instrumenta dans l'affaire Dreyfus. — 3. La dictée du commandant du Paty de Clam au capitaine Alfred Dreyfus.
4. Calque du bordereau communiqué au journal le *Matin*.

Dictado del comandante du Paty de Clam a Dreyfus con la observación del comisario Cochefert

LE MONDE ILLUSTRÉ
JOURNAL HEBDOMADAIRE

ABONNEMENT POUR PARIS ET LES DEPARTEMENTS | **45ᵉ Année — Nº 2199 — 18 Mai 1899** | **DIRECTION ET ADMINISTRATION, 13, QUAI VOLTAIRE**

Un an, 24 fr.; — Six mois, 12 fr.; — Trois mois, 7 fr.; — Un numéro 50 c. Le volume semestriel, 12 fr. broché. — 12 fr. relié et doré sur tranche. ÉTRANGER (Union postale) : fr. 28, 37 fr.; — Six mois, 14 fr.; — Trois mois, 7 fr. 50.

Directeur : **M. EDOUARD DESFOSSES**

Capitaine Dreyfus.   M. Cochefert.   Commandant du Paty de Clam.

L'AFFAIRE DREYFUS. — LA DICTÉE. — (Dessin de M. PARYS.)

Dreyfus escribe el texto dictado por el comandante du Paty a la vista del comisario Cochefert

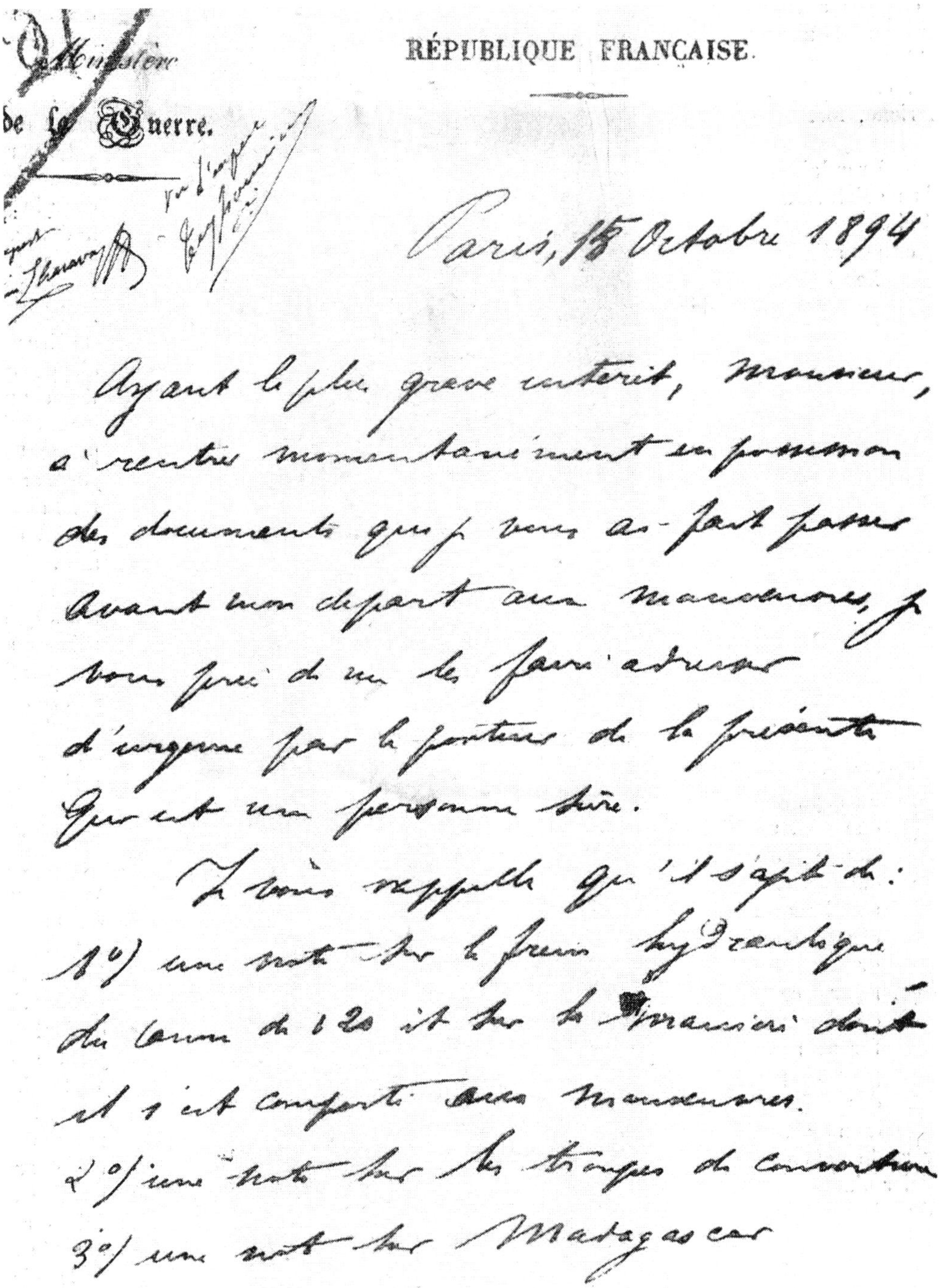
Ministère de la Guerre.

RÉPUBLIQUE FRANÇAISE.

Paris, 15 Octobre 1894

Ayant le plus grave intérêt, Monsieur, à rentrer momentanément en possession des documents que je vous ai fait passer avant mon départ aux manœuvres, je vous prie de me les faire adresser d'urgence par le porteur de la présente qui est une personne sûre.

Je vous rappelle qu'il s'agit de :
1°) une note sur le frein hydraulique du canon de 120 et sur la manière dont il s'est comporté aux manœuvres.
2°) une note sur les troupes de couverture
3°) une note sur Madagascar

Cuerpo de escritura realizado por el capitán Alfred Dreyfus el 15 de octubre de 1894 en la oficina del Ministerio de la Guerra, dictado por el mayor du Paty de Clam En la parte superior izquierda tiene las firmas de los peritos Teyssonières y Charavay que utilizaron este texto como pieza indubitada para su cotejo

Al terminar el dictado, el comandante du Paty le pone la mano en el hombro y le dice al capitán: «*En nombre de la ley, le arresto a usted, está acusado de alta traición*», Dreyfus recuerda su impresión con estas palabras: «*Un rayo caído a mis pies no me hubiera producido una conmoción tan violenta; pronuncié frases sin ilación, protestando de una acusación tan infame, que nada en mi vida podía justificar*».

Du Paty es el encargado de la instrucción, Dreyfus lo recuerda así:
«*Durante los 17 días que transcurrieron, sufrí numerosos interrogatorios del comandante du Paty, desempeñando funciones de oficial de policía judicial. llegaba siempre anochecido, tarde, acompañado de su escribano, el archivero Gribelín; me dictaba retazos de frases sacadas de la carta recriminada, hacía pasar rápidamente por delante de mis ojos palabras o fracciones de palabras tomadas de la misma carta, preguntándome si reconocía o no mi letra... ignoraba aún cuál era la base de la acusación; a pesar de mis fervientes súplicas no pude obtener ninguna aclaración acerca de la monstruosa acusación lanzada contra mí*». (Dreyfus, 1901, pp. 15-16)

El 21 de octubre de 1894 el general Mercier ordena que se realicen tres informes periciales, se recurre a los peritos Eugene Pelletier que era un reconocido experto francés en el cotejo de escrituras de la Corte de Apelación de París; Pierre Teyssonnières que era un grabador de arte (recomendado por Bertillon) y Etienne Charavay un historiador parisino, paleógrafo, archivero y coleccionista de escrituras, conocido por la publicación de la colección de autógrafos Alfred Bovet.

Los peritos en escrituras: Eugene Pelletier, Pierre Teyssonnières y Etienne Charavay

Cada uno de los peritos recibe un dosier con fotografías, ampliaciones del *bordereau* y escrituras de diferentes personas, incluyendo cartas indubitadas de Dreyfus, así como el texto dictado por du Paty. Se les advierte que se trata de un asunto muy delicado y deben mantener el más estricto secreto.

Bertillon propone que se reúnan con él para informarles sobre su metodología y resultado; Pelletier se niega en firme, decide hacer el estudio de forma independiente, mientras que Teyssonières y Charavay aceptan la propuesta de Bertillon y así pueden conocer de primera mano los análisis, los resultados y sus conclusiones.

El análisis comparativo realizado por el perito Pelletier arroja este resultado: «*La escritura cuestionada no se disimula, el documento incriminado tiene todas las apariencias de un escrito francamente normal, representa el diseño habitual de su autor. Evidentemente se pueden encontrar similitudes entre ambas escrituras, pero se trata de pequeñas semejanzas que se pueden encontrar en manos de muchos otros escritores experimentados.*

Los especímenes de escritura de la 1ª persona son de una forma general del mismo tipo que el documento en causa. Pero comprobamos inmediatamente que es sobre grafismos comunes y se hayan de forma común en la escritura de otras personas. Además, se observan importantes diferencias entre la escritura indubitada y el documento cuestionado…

Conclusión: En resumen, no nos creemos autorizados a atribuir ni a uno ni al otro de las personas sospechosas el documento incriminado…». (Reinach, 1903, T. 1 p. 181)

La conclusión de Pelletier supone un serio problema para acreditar la culpabilidad de Dreyfus; los generales conocen la conclusión de Teyssonières al ser amigo y recomendado por Bertillon, por lo que precisan que el tercer perito Charavay, atribuya la letra a Dreyfus.

Conclusión manuscrita del informe pericial de Pelletier

El informe presentado por el grabador de arte Teyssonières evidencia la influencia dominante ejercida por Bertillon:

«*La escritura del bordereau presenta todas las características de un disfraz, pero donde lo natural sigue imponiéndose, las diferencias en las letras y palabras entre el bordereau y la escritura de Dreyfus son intencionadas… Esta palabra – está perfectamente mal escrita, pero esto es buscado.*

Conclusión: Por su honor y conciencia que el acusado es culpable». (Crépieux-Jamin, 1935, p. 28)

La primera impresión de Charavay al analizar el documento cuestionado es que el texto ha sido escrito de forma natural con toda libertad, pero tras reunirse con Bertillon cambio de parecer, presenta su informe en la misma línea que Teyssonières pero con menor firmeza:

«*La pieza incriminatoria es de la misma mano que las piezas de comparación*», sin embargo, hace una reserva, al mencionar que existe la posibilidad de «*un doble en escritura*». (Reinach, 1903, T. 1 p. 184)

El 28 de octubre, antes de finalizar la instrucción que dirige el comandante du Paty, se filtra la información y un redactor del periódico *La Libre Parole*, Adrien Papillaud recibe una carta firmada como «Henry»; este diario está dirigido por el extremista antisemita Edouard Drumont.

El 31 de octubre de 1894 se le informa a Dreyfus que el comandante du Paty ha finalizado la instrucción. Dreyfus declara:

«Después de siete semanas de instrucción, durante las cuales permanecí, como anteriormente, en la incomunicación más absoluta... Quedando las presunciones suficientemente establecidas. Aquellas presunciones estaban fundadas en los informes contradictorios de los peritos calígrafos. Dos peritos, Sr. Gobert, perito del Banco de Francia, y Sr. Pelletier, concluían en mi favor; dos peritos, Sres. Teyssonnieres y Charavay, concluían contra mí, al mismo tiempo que hacían constar numerosas diferencias entre la escritura del bordereau y la mía. Sr. Bertillon, que no era perito, habíase pronunciado en contra mía por algunas pretendidas razones científicas. Se sabe que, en el proceso de Rennes, el Sr. Charavay reconoció solemnemente su error». (Dreyfus, 1901, p. 18)

El 1 de noviembre se publica en el diario *La Libre Parole* el titular «Alta traición, arresto del oficial judío A. Dreyfus», donde informa al pueblo francés la detención de un judío y por consiguiente, provoca la crispación de los franceses contra los judíos y el aumento del antisemitismo.

1-11-1894. El periódico *La Libre Parole* publica el titular: «Alta traición. Arresto del oficial judío A. Dreyfus»

Le Journal illustré

TRENTE ET UNIÈME ANNÉE — N° 48

GRAVURES

L'affaire de haute trahison, par **Tofani**. — *La cérémonie des funérailles du Tsar à l'église russe à Paris.* — *Nos illustrations de Blessée au cœur*, feuilleton du Petit Journal, par **Lix**. — *M. Mirman.*

DIMANCHE 2 DÉCEMBRE 1894

Le **Journal illustré** est mis en vente dès le vendredi matin.

ABONNEMENTS	UN AN	SIX MOIS
Paris	6 50	3 50
Départements	7 50	4 »
Étranger	9 »	5 »

Administration et Rédaction à Paris, hôtel du Petit Journal. Rue Lafayette, 61.

PRIX DU NUMÉRO : **15** CENTIMES

TEXTE

Chronique de la semaine, par **Alfred Barbou**. — *Beaux-Arts et Théâtres*, par **Charles Barcours**. — *Carnet fantaisiste*, par **Ménalque**. — *Nos gravures*, par **Léon Kerst**. — *Humbles gens*, nouvelle (fin), par **Julien Berr de Turique**. — *Honoré de la Roche*, nouvelle, par **Auguste Lepage**. — *Mot en triangle isocèle*, par **A. Frémendity**.

LES ANNONCES SONT REÇUES AUX BUREAUX DU JOURNAL, 61, RUE LAFAYETTE ET 15, RUE GRANGE-BATELIÈRE

L'AFFAIRE DE HAUTE TRAHISON. — LE CAPITAINE DREYFUS SE RENDANT A L'INTERROGATOIRE.

El capitán Dreyfus es conducido al interrogatorio del comandante du Paty de Clam

1894. Consejo de guerra y la sentencia

El 19 de diciembre de 1894 se reúne en la sala de causas de prisiones militares de París el consejo de guerra bajo la presidencia del coronel Maurel, seis oficiales de infantería y uno de caballería van a juzgar al capitán Alfred Dreyfus que se presenta con el uniforme de gala de artillero y cordones dorados.

El tribunal pide que se celebre a puerta cerrada, el abogado de la defensa, Demange, solicita que sea a puerta abierta, advierte que el motivo de la acusación solo se evidencia en una pieza, necesita que la opinión pública conozca los hechos y pueda mantenerse abierto un debate, el coronel Maurel no permite que siga argumentando. Se reúnen los jueces a deliberar y concluyen que será a puerta cerrada, solo dos testigos, Picquart y el jefe de la policía Lépine. Dreyfus lo recuerda así:

«Cuando fui introducido en la sala de audiencia, acompañado por un teniente de la guardia republicana, no vi nada, no oí nada. Ignoraba todo cuanto pasaba en torno mío; tenía el espíritu completamente absorbido por la horrible pesadilla que gravitaba sobre mí desde tantas semanas, por la monstruosa acusación de traición, de la cual iba a demostrar la inanidad, la pequeñez». (Dreyfus, 1901, p. 21)

Uno de los primeros en declarar es el comandante du Paty que interviene con una declaración parcial y maliciosa hacia Dreyfus, a preguntas del abogado de la defensa, se convierte en un especialista, no solo calígrafo, sino de lenguaje no verbal, como se puede apreciar en su declaración cuando dice:

«Interrogando a Dreyfus en la prisión esperé el momento en que tuviera las piernas cruzadas, entonces le lancé a quemarropa una pregunta que, si fuese culpable, debía provocar en él una gran emoción. Tenía los ojos fijos, el extremo de la pierna que tenía colgando, cuyo movimiento era casi imperceptible. De pronto, en el momento de mi pregunta, el movimiento se hace muy sensible, señal de que el pulso se aceleraba, de que el corazón latía más fuerte, de que la emoción de Dreyfus descubría su culpabilidad». (Los grandes procesos de la historia, 1975, p. 51-52)

Durante la declaración de du Paty, describe el momento del dictado, testifica que Dreyfus temblaba cuando pronunció «Freno hidráulico», Demange le muestra el cuerpo de escritura que realizó durante dicho dictado para que le diga dónde aprecia signos gráficos que demuestre un estado de agitación, du Paty nervioso se contradice, argumenta que, debido a la situación incluso un hombre inocente se habría puesto nervioso, y por lo tanto, si Dreyfus no lo estaba, debió haber sido advertido.

El comandante Henry que representa al Servicio de Inteligencia, solicita declarar por segunda vez, la primera aportó muy poco interés al proceso, sin embargo, en su segunda intervención testifica que «Una persona honorable, le advirtió sobre un oficial traidor» señalando al acusado. Dreyfus pregunta agitado el nombre de esa persona, Demange insiste que diga el nombre, Henry responde: «Hay secretos en la cabeza de un oficial que incluso su quepí no debe saber». (Dutrait-Crozon, 1909, p. 38).

El general Mercier le entrega a du Paty unos papeles privados «dosier secreto» (documentos falsos), desconocidos por la defensa para presentarlos de forma confidencial al Tribunal y lograr a través de esta maniobra condenar al acusado.

L'ILLUSTRATION

Prix du numéro : 75 cent.   SAMEDI 22 DÉCEMBRE 1894   52ᵉ Année. — Nᵒ 2764

LE COLONEL MAUREL
Président du Conseil de guerre. — Phot. Grossin.

LE COMMANDANT BRISSET
Commissaire du gouvernement. — Phot. A. Burgaud.

LE CAPITAINE DREYFUS

Mᵉ DEMANGE
Défenseur du capitaine Dreyfus. — Phot. Pirou.

LE PROCÈS DE HAUTE TRAHISON DEVANT LE CONSEIL DE GUERRE DE LA SEINE

El coronel Maurel presidente del consejo de guerra, el comandante Brisset abogado del Estado, el capitán Dreyfus acusado y el abogado de la defensa Edgar Demange

Le Petit Journal

Le Petit Journal
CHAQUE JOUR 5 CENTIMES
Le Supplément illustré
CHAQUE SEMAINE 5 CENTIMES

SUPPLÉMENT ILLUSTRÉ
Huit pages : CINQ centimes

ABONNEMENTS

	TROIS MOIS	SIX MOIS	UN AN
PARIS	1 fr.	2 fr.	3 fr. 50
DÉPARTEMENTS	1 fr.	2 fr.	4 fr.
ÉTRANGER	1 50	2 50	5 fr.

Cinquième année

DIMANCHE 23 DÉCEMBRE 1894

Numéro 214

Le capitaine Dreyfus devant le conseil de guerre

El 19 de diciembre de 1894 comienza el consejo de guerra contra Dreyfus

Sixième Année. — N° 307.

Huit pages : CINQ centimes

Dimanche 23 Décembre 1894

Le Petit Parisien

TOUS LES JOURS
Le Petit Parisien
5 CENTIMES

SUPPLÉMENT LITTÉRAIRE ILLUSTRÉ

DIRECTION : 18, rue d'Enghien, PARIS

TOUS LES JEUDIS
SUPPLÉMENT LITTÉRAIRE
5 CENTIMES

L'AFFAIRE DU CAPITAINE DREYFUS

Au Conseil de Guerre de Paris

El capitán Dreyfus ante el consejo de guerra

Los expertos de escrituras ratifican ante el Consejo los informes que presentaron durante la fase de instrucción.

Los peritos Gobert y Pelletier testifican que la caligrafía del *bordereau* no ha sido realizada por Dreyfus, determinan que la escritura está realizada de forma espontánea, rápida, natural y sin existir signos gráficos de disfraz; mientras que Bertillon, Teyssonnières y Charavay afirman que la letra ha sido escrita por Dreyfus cambiando algunos gestos escriturales de forma intencionada para que no sea identificado.

Bertillon presenta un diagrama inventado de enorme complejidad que lo denomina *La ciudadela de los jeroglíficos gráficos*, es como un plano en forma de «redan» o fortaleza aplicada a la escritura, para que Dreyfus como autor, no sea identificado en el supuesto de que el manuscrito sea descubierto.

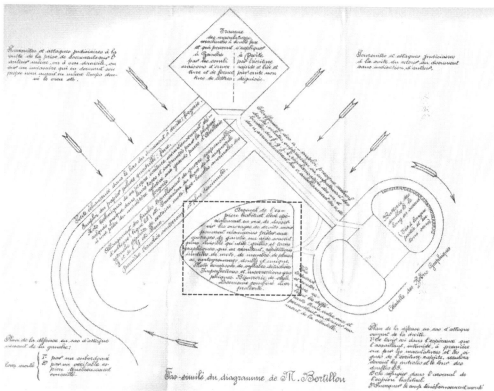

Diagrama de Bertillon con el título «La ciudadela de los jeroglíficos gráficos» (Crépieux-Jamin, 1935, pl. 1)

Para comprender lo confuso y delirante de sus pruebas, donde debía ser una confrontación de letras, se trascribe el contenido escrito en la parte central del diagrama (se resalta con un rectángulo discontinuo en la imagen superior), que dice así:

«Arsenal del espía habitual levantado especialmente en vista de servir los trabajos de la derecha, pero, pudiendo, sin embargo, prestar una ayuda a los trabajos de la izquierda, a menudo más dañina que útil: cuadrículas y defectos gráficos que resultan de ello, repeticiones inútiles de palabras y miembros de oración, cartogramas dobles y únicos. Palabras compuestas de sílabas separadas Imperfecciones e incorrecciones gráficas. Rarezas de estilo. Laconismo combinado con prolijidad».

Plan de la défense en cas d'attaque venant de la droite.
1º Se tenir coi dans l'espérance que l'assaillant, intimidé, à première vue par les maculatures et les signes de l'écriture rapide, reculera devant les initiales et le tour des doubles SS.
2º Se réfugier dans l'arsenal de l'espion habituel.
3º Invoquer le coup ténébreusement monté

Parte del texto escrito en la zona inferior derecha correspondiente al diagrama presentado por Bertillon como informe pericial caligráfico, donde dice así: *Plan de la defensa en caso de ataque que viene de la derecha. 1º Estar callado con la esperanza que el asaltante, intimidado a primera vista las mayúsculas y los signos de la escritura rápida, reculara delante de las iniciales y de la torre de las dobles SS. 2º Refugiarse en el arsenal del espía habitual. 3º Invocar el golpe tenebrosamente subido*

Tras la intervención de los peritos calígrafos ante el consejo de guerra, Dreyfus manifiesta:

«*Vi los informes contradictorios de los peritos; dos depusieron a mi favor, dos en contra mía, haciendo notar, sin embargo, las numerosas desemejanzas entre la letra del* bordereau *y la mía. No di importancia alguna a la deposición de Bertillon, que me pareció la obra de un loco*». (Dreyfus, 1901, p. 22)

El prefecto de la policía le pregunta al presidente de la República Casimir Perier si conoce a Bertillon, le comenta que es un personaje muy ingenioso, muy penetrante, pero un poco arrogante, a lo que responde el presidente:

«*No, no es ingenioso, está completamente loco, con una locura absurda y cabalística, que todavía me desconcierta. Durante casi tres horas me demostró que el propio Dreyfus imitaba su letra para escribir el* bordereau *y se expresaba con tal jerga oscura, subrayando cada una de sus afirmaciones con un aspecto y con miradas tan extrañas, que pensé que estaba en presencia de un lunático escapado del manicomio de Salpêtrière o de Villejuif*». (Paléologue, 1955, p.28)

Presidente Casimir Perier

52

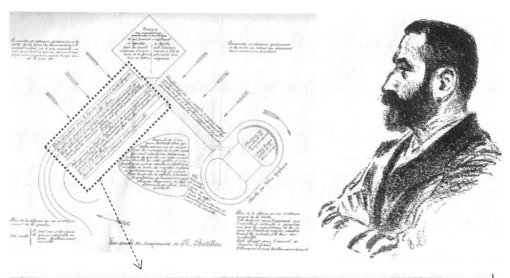

Transcripción de una parte del texto correspondiente al diagrama de Bertillon:

«*Pequeña sangría en la base del documento a la derecha: falsificado.*

Empleo de papel cebolla cuadriculado: falso.

Palabras técnicas de su propia escritura minuciosamente calcadas hasta sus defectos y prestados en su mayor parte a una pieza del ministerio relativo a los grandes de artillería, falsificado.

Alargamiento de los finales temblores de guerra responsables, de dirección (línea 28), etc. Inversión del trazo de L mayúscula, retoque discreto de ciertas palabras: bucles anormales de la G y de l, etc. Falso.

Última trinchera subterránea y más disimulada».

Bertillon en su informe «La ciudadela de los jeroglíficos» emplea unos términos inventados, un estudio totalmente surrealista y muy lejos de un examen formal entre escritura cuestionada y genuina; al leer el texto existente en su diagrama, se comprende las palabras del presidente Casimir Perier cuando dijo: «Está completamente loco, con una locura absurda y cabalística, que todavía me desconcierta…».

Dreyfus frente al consejo de guerra juzgado por el delito de alta traición

El 22 de diciembre de 1894 Edgar Demange abogado defensor del capitán Dreyfus, pronuncia su alegato ante el Tribunal, el discurso dura tres horas

Dreyfus ante el consejo de guerra que preside el coronel Maurel

El 22 de diciembre de 1894 se celebra el cuarto y último día de juicio. Después del alegato de Demange, los oficiales, en especial du Paty y Henry saben, que las pruebas condenatorias son de escaso valor y algunas controvertidas, siendo así, se obtendrá una absolución por insuficiencia de pruebas. Du Paty considera que ha llegado el momento de entregar los documentos del «dosier secreto» a los miembros del consejo de guerra. En consecuencia, durante una suspensión de la sesión, aprovecha para entregar el dosier en un sobre cerrado al coronel Maurel, le sugiere mostrar su contenido a los miembros del consejo de guerra reunidos en la sala de deliberación.

Schwartzkoppen sobre este hecho, explica lo siguiente:

«En la sala de deliberación, el presidente abrió el sobre cerrado y comunicó los documentos secretos a los miembros. Ni el presidente ni los jueces sabían que era ilegal, contrariamente a lo dispuesto por el código militar, tomar conocimiento de estos documentos sin haberlos comunicado al imputado y a la defensa, pero, sin duda impresionados por los documentos, no encontraron el momento. Ahora bien, ni siquiera de estos documentos secretos se podía sacar una prueba de la culpabilidad de Dreyfus, porque en el documento "sinvergüenza de D...", no se mencionaba el nombre de Dreyfus, solo podía extraer el hecho de su detención y no una prueba de culpabilidad. Sin embargo, la comunicación de estos documentos, tras las afirmaciones de du Paty y Henry, así como el comentario de du Paty que los acompañaba, causó tal impresión en los jueces que, tras una deliberación de una hora, se pronunciaron por unanimidad la condena de Dreyfus» (Schwertfeger, 1930, p. 83)

L'ILLUSTRATION

rix du numero : 75 cent.   SAMEDI 29 DÉCEMBRE 1894   52ᵉ Année. — Nº 27

Una vez leído el veredicto en sala, llaman a Dreyfus al vestíbulo en compañía de su abogado Demange. El comandante Brisset lee a Dreyfus la sentencia: «*El acusado es culpable... se condena a Alfred Dreyfus por unanimidad a la pena de deportación a un recinto fortificado... a la destitución de capitán y ordena que se proceda a la degradación de ese oficial en la primera jura de armas de la guarnición de París..., lo declaran desposeído de sus condecoraciones y privilegios, así como el derecho a portar armas*»

Supplément Littéraire Illustré du " Petit Parisien "

LE PROCÈS DE HAUTE-TRAHISON

Mˢ DEMANGE
Défenseur du capitaine Dreyfus.

Le Colonel MAUREL
Président du Conseil de Guerre.

Le Commandant BRISSET
Commissaire du Gouvernement.

La Notification de l'arrêt du Conseil de Guerre au capitaine Dreyfus

LE MONDE ILLUSTRÉ

JOURNAL HEBDOMADAIRE

ABONNEMENT POUR PARIS ET LES DEPARTEMENTS

Un an, 24 fr. ; — Six mois, 13 fr. ; — Trois mois, 7 fr. ; — Un numéro 50 c.
Le volume semestriel, 12 fr. broché. — 17 fr. relié et doré sur tranche.
ETRANGER (Union postale) : Un an, 27 fr. ; — Un mois, 14 fr. ; — Trois mois, 7 fr. 50.

38e Année — No 1970 — 29 Décembre 1894

Directeur : M. ÉDOUARD DESFOSSÉS

DIRECTION ET ADMINISTRATION, 13, QUAI VOLTAIRE

Toute demande d'abonnement une accompagnée d'un bon sur Paris ou sur la poste, toute demande de numéro à laquelle ne sera pas joint le montant en timbres-poste, seront considérées comme non avenues. — On ne répond pas des manuscrits et des dessins envoyés.

Dreyfus escucha la sentencia del comandante Brisset en el vestíbulo junto a la sala donde se ha celebrado el juicio, según el mandato del código militar, el acusado no debe asistir a la lectura de la sentencia

Todos aman la vida, pero el hombre valiente y honrado aprecia más el honor.
William Shakespeare

1895

La degradación - Traslado a la isla del Diablo en la Guayana Francesa - Dreyfus encarcelado en la Isla del Diablo

Le traître

— Qu'est-ce que Dreyfus?
— C'est l'*homme* qui pour trente deniers a voulu rendre veuves toutes les femmes de France, faire pleurer des larmes de sang aux petits enfants et livrer ses compagnons d'armes aux balles de l'ennemi!

Dessin de HEIDBRINCK.

El antisemitismo resurge con fuerza y se hace presente en todos los diarios. En este dibujo se representa el miedo en el rostro de los niños, el odio en las mujeres y ancianos, dice así: «*¿Quién es Dreyfus? - Es el hombre que por treinta monedas quería hacer viudas a todas las mujeres de Francia, hacer llorar lágrimas de sangre a niños pequeños y entregar a sus camaradas de armas a las balas del enemigo*» (Le Rire 5-01-1895)

1895. La degradación

El 1 de enero de 1895 Dreyfus escribe en su diario:

«Por fin mi mujer consiguió la autorización para verme. La entrevista tuvo lugar en el locutorio de la prisión. Es una pieza gris separada en medio por dos verjas paralelas, enrejadas; mi mujer estaba pegada a una de las verjas, yo a la segunda.

En estas penosas condiciones me fue permitido ver a mi mujer, después de tantas semanas dolorosas. No pude besarla ni estrecharla entre mis brazos; tuvimos que hablar a distancia. Sin embargo, mi alegría fue inmensa al volver a ver su faz querida; traté de leer y ver allí que huellas había dejado el sufrimiento y el dolor.

Luego de marcharse, la escribí:

Querida mía: Quiero todavía escribirte estas líneas para que las encuentres mañana al despertar.

Nuestra entrevista, aun a través de los barrotes de la prisión, me ha hecho mucho bien. Temblaban mis piernas al bajar, pero me he erguido para no rodar por el suelo a causa de la emoción. En este momento mi mano no está aún segura; esa entrevista me ha producido una violenta sacudida. Si no he insistido porque estuvieses más tiempo, es porque había llegado al cabo de mis fuerzas; tenía necesidad de ocultarme para llorar un poco. No creas por esto que mi alma sea menos valerosa o menos fuerte, sino que el cuerpo está un poco debilitado por los tres meses de prisión...

Lo que más bien me ha hecho es oírte tan animosa y valiente, tan llena de afección por mí. Continúa, esposa mía, impongamos respeto al mundo por nuestra actitud y nuestro valor. En cuanto a mí, habrás comprendido que estoy decidido a todo; quiero mi honor y lo obtendré; no me detendrá ningún obstáculo». (Dreyfus, 1901, pp. 32-33)

El 3 de enero de 1895 traza estas letras a su abogado:

«Querido maestro.

Me acaban de advertir que mañana sufriré la afrenta más sangrienta que se le puede hacer a un soldado.

Lo esperaba, me había preparado para ello; el golpe, sin embargo, fue terrible. A pesar de todo, hasta el último momento, esperé que una casualidad providencial condujera al descubrimiento del verdadero culpable.

Marcharé a esta prueba terrible, peor que la muerte, con la frente en alto, sin sonrojarme.

Decirle que mi corazón no será torturado horriblemente cuando me arranquen las insignias de honor que he adquirido con el sudor de mi frente, eso sería mentir. Ciertamente hubiera preferido mil veces la muerte.

Pero me has mostrado mi deber, querido maestro, y no puedo evitarlo, sean cuales sean las torturas que me esperan. Me has infundido esperanza, me has llenado de este sentimiento de que un inocente no puede quedar condenado para siempre, me has dado fe». (Haime, 1898, p. 190)

Degradación del capitán Dreyfus

«Antes de la lúgubre ceremonia esperé una hora en la sala del ayudante de la guar-nición, en la Escuela Militar. Durante aquellos largos minutos, hubo una tensión en todas las fuerzas de mi ser; los recuerdos de los atroces meses que había pasado vinieron a mi memoria, y con frases entrecortadas reproduje la última visita que me hizo el comandante du Paty de Clam en la prisión. Protesté de la infame acusación lanzada contra mí; recordé que había escrito al ministro para decirle que era inocente. Tergiversando estas palabras fue como el capitán Lebrun-Renault, con una extraña inconsciencia, creó o dejó crear aquella leyenda de mis declaraciones, de las que no supe la existencia hasta enero de 1899. Si me hubiesen hablado de ello antes de mi salida de Francia…, hubiera procurado ahogar aquella leyenda en su embrión». (Dreyfus, 1901, p. 35)

El 5 de enero de 1895 tiene lugar el acto de la degradación del capitán Alfred Dreyfus en el patio principal de la Escuela Militar de París, frente a una multitud hostil.

A las 9 de la mañana, rodeado por un pelotón de seis artilleros de sable y acompañado por un teniente de la Guardia Republicana, el capitán Dreyfus avanza bajo un redoble de tambores, en el centro se forma un cuadrado de unos cuatro mil soldados y reclutas de las tropas de la guarnición de París. A caballo está al mando el general Darras; una muchedumbre de miles de personas mantenidas a distancia detrás de las puertas del patio, gritan: «¡Muerte a Judas! ¡Muerte al judío!».

El general Darras pronuncia en voz alta: *«Alfred Dreyfus, no eres digno de por-tar armas. ¡En nombre del pueblo francés, lo degradamos!».* Dreyfus, con ambos bra-zos extendidos hacia el ejército, grita en eco: *«¡Soldados, estáis degradando a un inocente! ¡Soldados, deshonráis a un inocente! ¡Viva Francia! ¡Viva el ejército!».*

Septième année. — N° 310.

Huit pages : CINQ centimes

Dimanche 13 Janvier 1895.

Le Petit Parisien

SUPPLÉMENT LITTÉRAIRE ILLUSTRÉ

TOUS LES JOURS
Le Petit Parisien
5 CENTIMES.

DIRECTION: 18, rue d'Enghien, PARIS

TOUS LES JEUDIS
SUPPLÉMENT LITTÉRAIRE
5 CENTIMES

A L'ÉCOLE MILITAIRE

La Dégradation du traître Dreyfus

El ayudante Bouxin de la Guardia Republicana arranca las insignias de su rango, las franjas doradas del kepi y las mangas, las charreteras, los botones dorados de su dolman negro y las franjas rojas de sus pantalones

Le Petit Journal

Le Petit Journal
CHAQUE JOUR 5 CENTIMES

Le Supplément illustré
CHAQUE SEMAINE 5 CENTIMES

SUPPLÉMENT ILLUSTRÉ

Huit pages : CINQ centimes

ABONNEMENTS

	TROIS MOIS	SIX MOIS	UN AN
PARIS	1 fr.	2 fr.	3 fr. 50
DÉPARTEMENTS	1 fr.	2 fr.	4 fr.
ÉTRANGER	1 50	2 50	5 fr.

Sixième année   DIMANCHE 13 JANVIER 1895   Numero 21

LE TRAITRE

Dégradation d'Alfred Dreyfus

El guardia rompe el sable al golpearlo contra uno de sus muslos y lo arroja al suelo

Dreyfus recuerda la degradación de esta manera: «*Vi caer a mis pies todos aquellos pedazos de honor. Enton-ces, en aquella espantosa sacudida de todo mi ser, pero con el cuerpo erguido, la cabeza alta, lancé siempre y todavía mi grito a aquellos soldados, a aquel pueblo congregado: ¡Soy inocente!*» (Dreyfus, 1901, p. 36)

Una vez finalizado el acto de la degradación, Dreyfus grita a las tropas: «*Soldados, se degrada a un inocente, soldados se deshonra a un inocente. Por la vida de mi mujer y de mis hijos juro que soy inocente*»

L'ILLUSTRATION

rix du numéro: 75 cent.   SAMEDI 12 JANVIER 1895   53ᵉ Année. — Nº 270

DÉGRADATION DU CAPITAINE DREYFUS. — Le défilé devant les troupes.

Rodeado por cuatro artilleros, Dreyfus en harapos marcha alrededor del lugar de armas

THE GRAPHIC

AN ILLUSTRATED WEEKLY NEWSPAPER

SATURDAY, JANUARY 12, 1895

Dreyfus perpetúa este momento así: «*Continuó la ceremonia. Tenía que dar la vuelta al cuadro. Oí los alaridos de una turba engañada, sentí la agitación que debía hacerla vibrar al presentarles un hombre condenado por traición, y probé a despertar en aquella turba otro estremecimiento, el de mi inocencia*»

Retrato de Dreyfus poco después de su degradación publicado en las portadas de distintos periódicos

En la prisión de la Santé, Dreyfus inmortaliza su pensamiento:

«Querido maestro.

He cumplido la promesa que te hice.

Inocente, enfrenté el martirio más espantoso que se puede infligir a un soldado, sentí a mi alrededor el desprecio de la multitud; sufrí la tortura más terrible que uno puede imaginar. Y que hubiera sido más feliz en la tumba. Todo terminaría, no escucharía nada más, sería la calma, el olvido de todos mis sufrimientos.

Pero ¡ay!, el deber no me lo permite, como tan bien me has demostrado.

Estoy obligado a vivir, estoy obligado a dejarme martirizar durante muchas largas semanas para llegar al descubrimiento de la verdad, a la rehabilitación de mi nombre.

Ay, ¿cuándo terminará todo esto, cuándo volveré a ser feliz?

En fin, cuento contigo, querido maestro. Todavía tiemblo ante el recuerdo de todo lo que soporté hoy, en todos los sufrimientos que aún me esperan.

Apóyame, querido maestro, con tus cálidas y elocuentes palabras, haz que este martirio llegue a su fin, envíame lo antes posible allá donde esperaré pacientemente, acompañado de mi esposa, que este triste asunto se esclarezca y se restaure mi honor. Por el momento es la única gracia que pido...

Pero hagámoslo lo antes posible, porque estoy empezando a perder el juicio. Es realmente demasiado trágico, demasiado cruel, ser inocente y ser condenado por un crimen tan atroz.

Lo siento por este estilo inconexo, todavía no tengo ordenadas mis propias ideas, estoy profundamente abatido física y moralmente. Mi corazón sangró demasiado hoy. Que Dios, pues, querido maestro, se acorte mi tormento inmerecido.
Durante este tiempo buscaréis y, teniendo la fe, la convicción íntima, encontraréis. Créeme siempre tu devoto e infeliz». (Haime, 1898, pp. 191-192)

Dreyfus escribe recluido en la prisión

Al llegar degradado a la prisión, Dreyfus escribe una misiva a su mujer:

«Querida mía: renuncio a decirte lo que he sufrido hoy, tu pena es demasiado grande para que venga yo a aumentarla aún.
Prometiéndote que viviré, prometiéndote resistir hasta la rehabilitación de mi nombre, te he hecho el mayor sacrificio que un hombre de corazón, que un hombre honrado a quien se arrebata su honor, puede hacer. A menos, ¡Dios mío, que las fuerzas físicas no me falten! la moral se mantiene mi conciencia, que no me reprocha nada, me sostiene, pero comienzo a estar al cabo de mi paciencia y de mis fuerzas...
Acabo de tener un momento terrible de desahogo, de llanto mezclado con sollozos, todo el cuerpo sacudido por la fiebre. Es la reacción de los horribles tormentos de la jornada, debía llegar fatalmente; pero ¡ay de mí! En vez de poder sollozar en tus brazos, en vez de poder reclinarme en tus hombros, están resonando en el vacío de mi prisión». (Dreyfus, 1901, pp. 37-38)

La respuesta por la noche de su mujer:
«¡Que horrible mañana! ¡Que atroces momentos! No, yo no puedo pensarlo, Eso me hace sufrir demasiado. ¡Tú, mi pobre amigo, un hombre de honor, tú que adoras a la Francia, tú que tienes un alma tan hermosa, sentimientos tan elevados, sufrir la pena más deshonrosa que darse pueda, es abominable!...
Nuestros queridos niños están muy bien; están contentos, dichosos. Es un consuelo nuestra inmensa desgracia, verlos tan pequeños, tan inconscientes de la vida. Pierre habla de ti y con tanta efusión, que no puedo contener el llanto...». (Dreyfus, 1901, p. 39)

THE DREYFUS QUESTION

EX-CAPTAIN ALFRED DREYFUS, THE PRISONER OF THE ILE DU DIABLE
From a photograph taken immediately after his degradation, supplied by the Russey Studios, Ltd., 222, Regent Street (copyright)

Fotografía tomada el 5 de enero de 1895 inmediatamente después de la degradación

Le numéro 15 centimes — LE JOURNAL ILLUSTRÉ — Le numéro 15 centimes

LA DÉGRADATION

El pintor francés Lionel Royer representa la alegoría de la traición y la justicia en una mujer poderosa, con la balanza y sable en la mano izquierda, lleva a Dreyfus a un foso donde están los condenados, otra mujer sostiene el cartel de «Judas», Dreyfus tiene en su mano izquierda una bolsa con el dinero por su crimen

1895. Deportación a la prisión de la isla del Diablo

ALFRED DREYFUS DANS SA PRISON

Dreyfus en la prisión de la Santé antes de ser deportado a la isla del Diablo

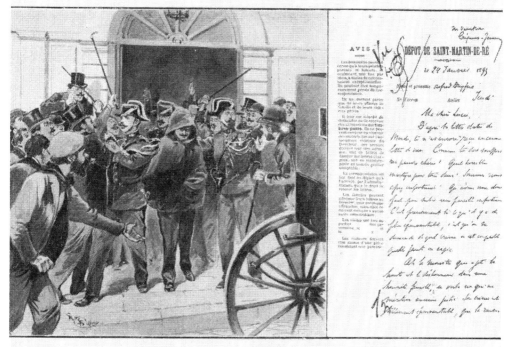

Arrivée de Dreyfus à La Rochelle.
(Dessin de Georges Conrad.)

Lettre de Dreyfus à sa femme.

Le mirador de la case.

La case de Dreyfus à l'île du Diable.
(Dessin de Bonnot.)

DU CHERCHE-MIDI A L'ILE DU DIABLE.

Dreyfus sale de la prisión y lo conducen a la Rochela para su expulsión de Francia

Le traître Dreyfus à la Citadelle. — La Promenade dans le Préau

El 17 de febrero de 1895 Dreyfus sale de prisión y es conducido al puerto de La Rochela, para ser embarcado al Saint-Nazaire donde comienza el traslado hacia la isla del Diablo en la Guayana Francesa

LA ISLA DEL DIABLO

*1 y 2. Caseta de los guardas.—3. Torre de observación de diez metros de altura y á trein-
ta metros sobre el nivel del mar.—4. Plataforma cubierta para el vigía. En ella hay un
cañón para hacer fuego sobre todo buque sospechoso —5. Casa-cuartel de los vigilantes.—
6, 7 y 8. Prisión de Dreyfus. La caseta es de madera cubierta con lona. Mide cuatro metros
en cuadro y el techo está á una altura de tres metros.—9. Recinto rectangular de doce metros
por seis para uso del deportado La valla es de pilarotes de madera sin intersticio alguno.—
10. Montón de piedras para modificar el declive del terreno.—11. Playa de la isla cubierta
con un par de docenas de cocoteros.—12. Garita.—13. Muelle de balleneros.—14. Camino
desde el embarcadero á la prisión.*

Distribución de la prisión en la isla del Diablo

El 17 de febrero de 1895 Dreyfus en estado febril sale de la prisión de la Santé, nevando y con frío intenso lo conducen a la estación de Orleans, de allí al muelle de salida donde hay un vagón especial esperando para su traslado al presidio, se encuentra en penosas circunstancias con manillas y grillos en los pies, lo conducen al puerto de La Rochelle hasta llegar a la isla de Ré.

Dreyfus narra en su diario su traslado, se extrae este pequeño fragmento:
«Me llevaron a una celda de presidiario, cerrada por una simple reja y situada bajo el puente, a proa, la parte delantera estaba descubierta, el frío era terrible ceca de 14 grados bajo cero, me echaron un coy y me dejaron sin alimentos…, los primeros días de la travesía fueron atroces el frío era terrible en aquella celda abierta, el descanso penoso en aquella hamaca. Como alimento, la ración de los deportados, servida en cajas vacías de conservas…» (Dreyfus, 1901, pp. 67-68)

Lucie Dreyfus junto a sus dos hijos Pierre y Jeanne

Emotivas y duras palabras en el recuerdo de Dreyfus cuando relata el último encuentro con su mujer antes de la deportación a la prisión de la isla del Diablo en la Guayana Francesa, lo expone en estos términos:

«Mi mujer suplicó en vano, en la segunda entrevista, que le amarrasen las manos a la espalda y que la dejasen acercarse a mí y besarme; el director rehusó brutalmente.

El 21 de febrero vi a mi mujer por última vez. Después de la entrevista que tuvo lugar de 2 a 3 de la tarde, y sin haber sido informados ni uno ni otro, fui prevenido súbitamente de disponerme para partir...» (Dreyfus, 1901, pp. 66-67)

Dreyfus perpetúa su travesía y llegada a la costa de la Guayana Francesa:

«Después de una travesía de 15 días, metido en una jaula, he permanecido primeramente en la bahía de las Islas de la Salvación, cuatro días bajo el puente, en medio de un calor tórrido. mi cerebro se liquidaba, todo mi cuerpo se fundía en una desesperación horrible.

He permanecido así durante un mes recluido en mi celda sin salir, después de todas las fatigas físicas de mi horrible travesía. muchas veces he creído que me iba a volver loco: he tenido bastantes congestiones al cerebro, y mi horror a la vida era tal, que tuve el pensamiento de no hacerme asistir a fin de terminar aquel martirio. aquí yo hubiera sido la liberación, el fin de mis males.

El recuerdo de mi mujer, mi deber para con mis hijos me han prestado fuerzas para sobreponerme; no he querido burlar sus esfuerzos, abandonarla así en su misión, la busca del culpable, de la verdad». (Dreyfus, 1901, pp. 79-80)

La verdad se robustece con la investigación y la dilación;
la falsedad, con el apresuramiento y la incertidumbre.
Tácito

1896 - 1897

Dreyfus encarcelado en la Isla del Diablo - Descubrimiento de la verdad - Publicación *Un error judicial* de Bernard Lazare - Investigación a Esterhazy

1896. Dreyfus encarcelado en la isla del Diablo

Dreyfus preso en la isla del Diablo escribe: «*No sé ya cómo vivo. Mi cerebro está triturado. ¡Ah! ¡Decir que no sufro más allá de toda expresión, que no aspiro con frecuencia al eterno reposo, que la lucha entre mi repugnancia por los hombres y las cosas, y mi deber, no es terrible, sería mentir...*» (Dreyfus, 1901, p. 131)

Reproducción íntegra de las primeras palabras en el diario de Dreyfus en la isla del Diablo que estaba destinado para su mujer:

«*Domingo 14 de abril de 1895.*

Empiezo hoy el diario de mi triste y espantosa vida. En efecto, únicamente desde hoy tengo papel a mi disposición, papel numerado y rubricado a fin de que no pueda distraer una hoja. Soy responsable de su empleo. ¿En qué otra cosa podía emplearlo? ¿De qué me serviría? ¿A quién dárselo? ¿Qué secretos puedo yo confiar al papel? Tantas preguntas, tantos enigmas.

Hasta hoy había tenido el culto de la razón, creía en la lógica de las cosas y de los acontecimientos, creía, en fin, en la justicia humana. Todo cuanto era raro, extravagante, costábale trabajo penetrar en mi cerebro. ¡Ay de mí! ¡Qué derrumbamiento de todas mis creencias, de toda mi sana razón!

Qué horribles meses acabo de pasar. ¿Cuántos de estos meses me esperan aún?

Estaba decidido a matarme después de mi inicua condena. Ser condenado por el crimen más infame que el hombre puede comenter, bajo la fe de un papel sospechoso cuya letra estaba imitada o se parecía a la mía, era materia verdaderamente para desesperar a un hombre que coloca el honor sobre todas las cosas...

¡He cedido, sin embargo, a las instancias de mi mujer y he tenido el valor de vivir! He sufrido primeramente el suplicio más espantoso que se le puede infligir a un soldado, suplicio peor que todas las muertes, después he seguido paso a paso este horrible camino que me ha traido hasta aquí, pasando por las prisiones de la Santé y el depósito de la isla de Re, soportando, sin decaer, insultos e invectivas, pero dejando un pedazo de mi corazón en cada recodo del camino.

Mi conciencia me sostenía; mi razón me decía cada día: por fin la verdad fulgurará triunfante; en un siglo como el nuestro, la luz no puede tardar en hacerse; pero ¡ay de mí! Cada correo me traía una nueva decepción. No solo la luz no se hacía nunca, sino que se hacía todo lo posible para que no se hiciese.

Un vigilante jefe y cinco vigilantes están afectos a este servicio y a mi custodia; la ración se compone de medio pan por día, de 300 gramos de carne tres veces por semana, sustituido los otros días por adobo o tocino salado. Como bebida, agua.

¡Qué horrible existencia, de perpetuo recelo, de vigilancia no interrumpida para un hombre cuyo honor está preciado más alto que todo lo del mundo!.

¡Ah! Quisiera vivir hasta el día de la rehabilitación para gritar mis sufrimientos, para desahogar mi corazón lacerado. ¿Llegaré a eso? Con frecuencia tengo dudas, tan quebrantado está mi corazón, tan vacilante mi salud». (Dreyfus, 1901, pp. 77 y ss.)

LES ILES DU SALUT (Lieu de déportation de l'ex-officier Dreyfus)

1º L'arrivée d'un forçat. — 2º Le sortd'un évadé. — 3º Type de forçat . — 4º L'île Royale. — 5º L'île Saint-Joseph

Las duras condiciones de las islas de la Salvación en la Guayana Francesa

1896. En busca de la verdad

Georges Picquart

El 1 de julio de 1895 el comandante Picquart sustituye al coronel Sandher, gravemente enfermo de esclerosis múltiple y se convierte en el nuevo jefe de la Sección de Estadística.

Una vez al mando, mejora los protocolos y reorganiza los procedimientos de trabajo, entre los cambios, ordena a Henry que le traiga personalmente cualquier documento de la señora Bastian para su examen inicial.

Decide incrementar la vigilancia a los agregados militares italianos y alemanes.

A primeros de marzo de 1896 el Servicio de Contraespionaje intercepta una carta, conocida como *Le petit bleu*, se trata de un pequeño telegrama urgente en papel azul, firmado con la letra "C" de la embajada alemana de von Schwartzkoppen dirigido al comandante francés Esterhazy donde expresa su descontento por el trato y la información que recibe.

Cómo llegó esta carta al comandante Picquart sigue siendo una incógnita, se sugiere que fue a través de la «vía ordinaria», aunque la hipótesis más probable es que fue interceptada antes de llegar a su destinatario y la rompió intencionadamente para que se creyera la primera opción, el telegrama aparece finalmente reconstruido.

Sobre el contenido y el modo que se descubre el *petit bleu*, el embajador Schwartzkoppen lo explica en sus cuadernos:

«Ya he dicho que tenía, en este momento, razones para estar insatisfecho con la información de Esterhazy; No se lo había ocultado durante su visita del 20 de febrero y lo había amenazado con romper nuestras relaciones. Ahora bien, como después de que Esterhazy no apareciera por mucho tiempo, le envié a principios de marzo una pequeña nota azul, es decir, un telegrama cerrado, con el siguiente contenido: "Dirigido al comandante Esterhazy.

Señor, sobre todo espero una explicación más detallada sobre la cuestión pendiente de la que me dio el otro día. En efecto, le pido que me lo envíe por escrito para saber si puedo o no continuar mis relaciones con la Casa R. o no".

Maximiliano von Schwarzkoppen

No sé cómo llegó esta tarjeta al Ministerio de Guerra francés; en cualquier caso, no estaba rota en mi papelera, y ella no llegó allí por la "vía ordinaria". Seguro que la dejé yo mismo en el apartado de correos de la calle. No creo que sea imposible que me siguieran y que la tarjeta fuera llevada allí (en la oficina de correos) antes de ser sellada.

En resumen, este petit bleu *llegó, gracias a la eficacia de la Oficina de Inteligencia, a manos de su jefe, el comandante Picquart. La dirección y el contenido del* petit bleu *debieron sorprender al comandante Picquart, por supuesto, no le cabía duda de que se trataba de un nuevo caso de espionaje. Se preguntó qué había que hacer y tomó la decisión de mantener el más absoluto secreto ante todo, para no despertar sospechas demasiado pronto, como en el asunto Dreyfus».* (Schwertfeger, 1930, pp. 139 y ss.)

Cuando Picquart descubre el *petit bleu*, Henri está en el funeral de su madre, al regresar, el capitán Lauth le informa del descubrimiento. Henry se altera y discute con su jefe sobre el hallazgo del telegrama y admite que conoce a Esterhazy desde hace más de 15 años en el Ministerio de Guerra pero no mantiene ninguna relación.

Picquart inicia una investigación a Esterhazy cuyos primeros resultados revelan graves problemas financieros y la necesidad imperiosa de dinero para hacer frente a sus vicios, así como mantener una amante en París con una asignación mensual. Contacta con un compañero del regimiento de Esterhazy, a quien conoce y confía desde hace mucho tiempo, le solicita información del sospechoso; el retrato que le revela su compañero de regimiento no inspira ninguna confianza, concluye que es despreciado por sus camaradas.

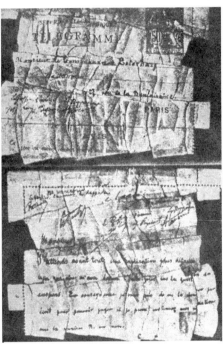

Petit bleu

Picquart ordena el 17 de abril de 1896 la vigilancia a Esterhazy.

Informa al general Boisdeffre de un supuesto nuevo traidor, este le dirige al general Billot que le recomienda que siga la investigación con mucha prudencia.

A finales de agosto de 1896 el general Billot autoriza la entrega de cartas escritas por el comandante Esterhazy; al recibirlas, Picquart aprecia una familiaridad en la escritura, coteja las letras indubitadas de Esterhazy con el *bordereau* y comprueba que son muy parecidas en todos sus elementos escriturales.

Le pide al capitán Lauth que haga copias de la escritura del comandante Esterhazy ocultando la firma y cualquier otro detalle para impedir que se conozca la identidad del autor y de esta forma, consultar a los expertos en escrituras.

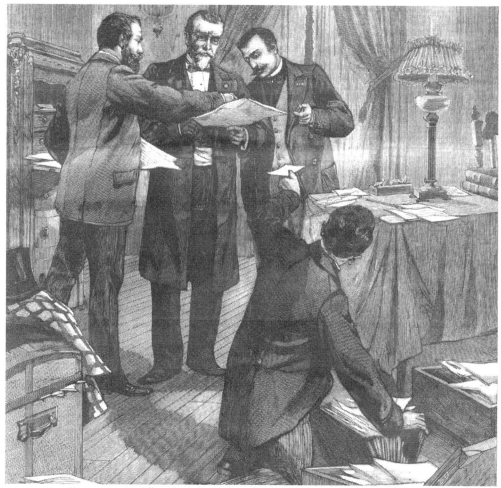

Picquart con Bertillon coteja la escritura indubitada de Esterhazy con el *bordereu*

El 28 de agosto Picquart se reúne con du Paty y Bertillon, les muestra la escritura indubitada de Esterhazy junto con la caligrafía del *bordereau*; du Paty dice que reconoce la letra de Mathieu Dreyfus; Bertillon asegura que es la misma mano que escribió el *bordereau* y agrega: «*Así que, los judíos han estado entrenando a alguien durante un año para imitar la escritura*».

Picquart solicita al archivero Gribelin el «dosier secreto» de la corte marcial de 1894, comprueba sorprendido que no hay ninguna evidencia de la culpabilidad de Dreyfus, por lo que prepara un riguroso informe donde acredita que el verdadero traidor es Esterhazy, informa al general Boisdeffre que lo deriva al general Gonse con quien se reúne en su casa de campo ya que está de vacaciones, la respuesta de Gonse, es que se debe estudiar con calma, hay que ser paciente y prudente.

A mediados de septiembre, Picquart insiste, finalmente, queda con el general Gonse y este le declara: «*¿Qué le importa si este judío está en la isla del Diablo?, sino dice nada, nadie sabrá nada al respecto*»; Picquart responde: «*Lo que está diciendo es abominable, no sé lo que haré, pero no me pienso llevar este secreto a la tumba*».

El 2 de septiembre de 1896 el periódico inglés *Daily Chronichle* publica la noticia de que Alfred Dreyfus se ha escapado de la prisión en la Isla del Diablo.

Esta noticia fue ideada por Mathieu Dreyfus, que preocupado por la situación de su hermano encerrado en la isla y con unas condiciones muy duras, idea este falso informe como un medio para no olvidar y renovar el interés por su hermano. El corresponsal de *Daily Chronichle* que confía en la inocencia de Dreyfus, accede a escribir la noticia fícticia sobre la fuga de Dreyfus.

A los dos días siguientes, los periódicos franceses *L´Eclair, La libre Parole* y *L´Intransigeant* hacen eco de esta información y hablan de una posible evasión de Dreyfus.

El titular del periódico antisemita dirigido por Edouard Drumont publica sobre el rumor de la evasión de Dreyfus, dice así: *«Ayer por la tarde, una noticia asombrosa se extendió por París: "Dreyfus se ha escapado de la Guayana". Las ediciones especiales se sucedieron sin interrupción. ¿Es esto correcto? Se preguntaron todos. Se formaron grupos donde se discutía la posibilidad de fuga del traidor, la verdad de la información. Aunque el crimen del ahora legendario judío ya tenía dos años, y a pesar de que en nuestro tiempo los escándalos se suceden sin interrupción, ayer sentimos que el crimen de Dreyfus no es de los que se olvidan en un país».* https://www.retronews.fr/journal/la-libre-parole/04-septembre-1896

La noticia falsa de la fuga de Dreyfus, le supone un severo castigo. El preso sin saber el motivo, le endurecen las medidas de seguridad, así lo vive:

«El 4 de septiembre de 1896, la administración penitenciaria recibe la orden de tenerme encerrado en mi caseta noche y día, con doble argolla de noche, de rodear el perímetro del paseo, alrededor del cabañon con una sólida empalizada, con centinela interior, además del vigilante de guardia en mi caseta. También quedaba suspendido el envío de cartas y libros que me dirigían. Esta reclusión absoluta se mantuvo hasta que llegase la madera y se construyera la barrera, unos dos meses y medio. El calor era terrible, hasta el extremo de que los vigilantes elevaron queja sobre queja. El número de vigilantes aumentó poco a poco de cinco a diez». (Dreyfus, 1901, p. 169)

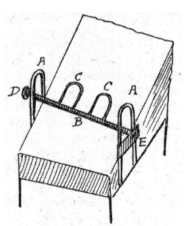

Cama con doble argolla. Cuando los pies se introducen en la argolla, no tiene movilidad alguna

UNE ERREUR JUDICIAIRE

LA VÉRITÉ

SUR

L'AFFAIRE DREYFUS

Je veux établir que la culpabilité du capitaine Dreyfus n'a jamais été démontrée. J'affirme que les bruits les plus mensongers, les plus contradictoires, les plus propres à égarer les esprits et à créer autour de l'accusé une atmosphère de haine et de soupçon ont été répandus. Je déclare enfin que l'homme qu'on a condamné est un **innocent.**

Cependant, sans de récents événements, je n'eusse sans doute pas pris encore la parole, craignant de violer le mystère dont on a entouré cette affaire, mais d'autres ont déchiré le voile, ils ont introduit tout le monde dans le sein du conseil de guerre et ils ont rendu publics les détails les plus secrets. Le gouvernement et l'opinion ont semblé considérer ces divulgations comme naturelles, et l'on peut dire aujourd'hui que le procès Dreyfus a été débattu devant tous. Mais, à cette occasion, on a fait des récits inexacts, on a amplifié des détails, on en a imaginé, on a inventé des charges nouvelles. Puisqu'on a commencé à parler, il m'a semblé bon de faire la lumière complète et de dire la vérité. C'est le but de ces pages. *Je défie qui que ce soit d'apporter un démenti valable à mes affirmations.*

El escritor Bernard Lazare publica el 6 de noviembre de 1896 en Bruselas una pequeña obra de 24 páginas con el título: *Un error judicial. La verdad sobre el caso Dreyfus*. Comienza así:
«Quiero establecer que la culpabilidad del capitán Dreyfus nunca ha sido demostrada. Afirmo que se han difundido los rumores más mentirosos, los más contradictorios, los más susceptibles de inducir a error y de crear en torno a los acusados una atmósfera de odio y sospecha. Finalmente, declaro que el hombre que ha sido condenado es inocente.
Sin embargo, sin los acontecimientos recientes, probablemente no habría hablado todavía, temiendo violar el misterio que rodea este asunto, pero otros han rasgado el velo, han introducido a todos en el seno del consejo de guerra y dio a conocer los detalles más secretos. El gobierno y la opinión pública parecieron considerar naturales estas revelaciones, y hoy podemos decir que el juicio de Dreyfus fue debatido frente a todos. Pero, en esta ocasión, hicimos cuentas inexactas, ampliamos detalles, los imaginamos, inventamos nuevos cargos. Desde que empezamos a hablar me pareció bien arrojar toda la luz y decir la verdad. Este es el propósito de estas páginas. Desafío a cualquiera a negar válidamente mis afirmaciones»

El 10 de noviembre de 1896 el periódico *Le Matin* publica por primera vez un facsímil del *bordereau*, más tarde se descubre que fue la pieza confiada al experto Teyssonières que vendió el documento.

Esto supone un hecho trascendental ya que hace posible que el mundo conozca la pieza incriminatoria y permita a cualquier persona o experto hacer su propio cotejo de letras y sacar sus conclusiones. Mathieu Dreyfus junto a Bernard Lazare encargan informes periciales a los expertos más reconocidos en el mundo para cotejar el *bordereau* con la letra indubitada de Dreyfus, el resultado lo publica Lazare en 1897, en la obra *Une erreur judiciaire, l'affaire Dreyfus*.

El embajador alemán Schwartzkoppen, al ver el manuscrito cuestionado, reconoce la letra de Esterhazy y sabe que condenaron a un inocente y revela esta información a su homólogo italiano Panizzardi.

https://gallica.bnf.fr/ark:/12148/bpt6k556864x/f1.item#

1897. Scheurer-Kestner

L'ILLUSTRATION

Prix du Numéro : 75 centimes.   SAMEDI   20   NOVEMBRE   1897   55ᵉ Année — Nᵒ

M. SCHEURER-KESTNER, vice-président du Sénat.

El senador Auguste Scheurer-Kestner comienza a interesarse seriamente por Dreyfus a raíz de unas contrariedades y falsas acusaciones publicadas en los periódicos; a primeros de marzo decide realizar una investigación personal y profundizar en el caso. En sus memorias escribe:

«Si Dreyfus es culpable, lo sabré; Si no lo es, lo salvaré. Es inaceptable que en el siglo XIX, en la República, con un gobierno libre y democrático, se produzcan iniquidades dignas de un régimen despótico que recuerda siglos pasados» (Scheurer-Kestner, 1988, p.99).

Entre los meses de marzo a junio de 1897 se entrevista con diversas personas que conocen de primera mano el asunto, entre otros, se reúne con Demange, Lazare, el exministro de justicia Hanatoux que le informa que se han cometido errores, así como con el escritor Reinach junto al senador Arthur Ranc que les acreditan a Scheurer-Kestner la inocencia de Dreyfus.

En julio de 1897 el abogado Louis Leblois queda con el senador Scheurer-Kestner, que le revela la investigación y los resultados de su íntimo amigo el coronel Picquart; de la inocencia de Dreyfus y de la culpabilidad de Esterhazy. Para acreditar la veracidad de sus argumentos, le muestra algunos documentos que Picquart le reveló de manera confidencial y le ruega que no haga uso de esta información sin antes consultarlo. A la vista de las pruebas, el senador se convence de la injusticia cometida y de la inocencia de Dreyfus, autoriza a Reinach para que escriba a Lucie Dreyfus y que sepa que va a defender la inocencia de su marido.

El 14 de julio el senador acusa por primera vez a Esterhazy del crimen atribuido a Dreyfus; durante el tradicional desfile militar del día de la Bastilla, anuncia su creencia en la inocencia de Dreyfus y su plena disposición a apoyar la causa. Invita a sus colegas a hacer circular sus puntos de vista en los círculos gubernamentales.

A partir de este momento, el senador Scheurer-Kestner lucha con todas sus fuerzas y energía para hacer justicia. Al regresar de París, escribe esta carta donde atestigua su firme compromiso por el triunfo de la verdad:

«Mi querido amigo.

Al regresar a la Alsacia donde volví a encontrar tanta simpatía reconfortante, me entero con sorpresa de que ciertas personas han visto en mi breve ausencia una admisión de desánimo o de incertidumbre.

¿Cómo podría desanimarme?, querido amigo, yo sé que el triunfo de la verdad no depende de la buena voluntad de los hombres, y que contra la justicia o contra la ley ¿Cómo podría vacilar cuando la evidencia me parece cada día más clara, al emerger de los velos con que las pasiones quieren oscurecerla?

Lo que me queda de fuerza y de vida, lo pongo al servicio de la inocencia oprimida, donde es revocable, y mantendré mi compromiso, aunque me quede solo. Pero no estoy solo, veo a mi alrededor muchos amigos a quien estimo y me aprueban. Esperaremos, fuertes en nuestra conciencia, la justa, la inevitable reparación». (Haime de, 1898, p. 123-124)

IL DRAMMA DREYFUS.

ÉCRITURE DE DREYFUS (1899)

ÉCRITURE D'ESTERHAZY

LE BORDEREAU

Scrittura del maggiore Esterhazy dopo il processo Dreyfus.

Los periódicos en diferentes lugares del mundo publican el *bordereau* junto con la escritura indubitada de Dreyfus y la del comandante Esterhazy

El prestigioso historiador Gabriel Monod, medievalista, escritor y profesor de la Escuela de Altos Estudios; escribe en su tierra de Versalles, el 5 de noviembre de 1897 una carta digna de ser recordada, donde declara el ambiente que se vive en Francia y su posición ante el caso Dreyfus, dice así:

Gabriel Monod

«Al llegar esta mañana de Roma, me entero de que los periódicos han mencionado mi nombre en relación con el asunto Dreyfus y que alguien ha venido a mi casa para invitarme a dar a conocer mi opinión. Aunque, durante varios meses, llegué, en efecto, a la convicción de que el capitán Dreyfus había sido víctima de un error judicial, no creí mi deber dar publicidad alguna a esta opinión...

Esperaba, además, que esta iniciativa viniera de un católico, y que surgiera un nuevo Voltaire para defender este nuevo Jean Calas. Habría temido que mi condición de protestante y los estúpidos ataques que esta calidad y el nombre que tengo el honor de llevar a menudo me han hecho disminuir el valor de mis jueces a los ojos de cierto público.

Pero, dado que hoy estoy directamente implicado, creo que sería una cobardía de mi parte no decir cómo me hicieron creer en la inocencia del capitán Dreyfus.

Cuando se pronunció su sentencia, yo creía, como todos, en su culpabilidad, aunque me inquietaba y me asqueaba la odiosa pasión con la que parte del público y la prensa lo habían declarado culpable desde el primer día, incluso antes de saber lo que decía. Fue acusado y se colmó de insultos y calumnias a su familia y a la de su esposa. Solo pude admitir a un oficial francés. Podría ser declarado culpable del más abominable de los crímenes sin haber sido convencido por pruebas irrefutables que lo hubieran silenciado a él y a su defensor.

Pero pronto surgieron dudas en mi mente, cuando vi al capitán Dreyfus proclamar su inocencia, en presencia de una multitud furiosa, con una calma y firmeza de alma que un culpable difícilmente podría haber afectado, y el Sr. Demange afirmar con más energía que nunca que su cliente fue víctima de un terrible error; cuando vi que en los altos círculos políticos, en el mundo judicial y hasta en el militar, los hombres prudentes y bien informados dudaban en creer en la culpa; cuando por fin testigos fidedignos me dieron a conocer todos los antecedentes de Dreyfus, su situación y sus conexiones.

No conocí a nadie en su familia, pero sabía por mis padres en Alsacia, aunque apenas se sospechaba de parcialidad a favor de los judíos, que sus hermanos estaban rodeados de estima universal, que estaban animados por una lealtad indefectible a Francia, que hicieron educar a sus hijos en la escuela secundaria de Belfort para darles una cultura muy francesa, que construyeron una fábrica en Belfort para transportar allí su industria, uno de ellos había sido herido por un oficial prusiano a quien había provocado a un duelo por palabras ofensivas con respecto a Francia.

En cuanto al capitán Dreyfus, me dijeron que, por patriotismo, había preferido una carrera militar en Francia al puesto brillante y fácil que le ofrecía la industria de su padre en Mulhouse. Se había casado con una familia conocida por su honorabilidad y extrema benevolencia. Él era rico por sí mismo y por su esposa. No tenía necesidades de lujo, ni gustos viciosos, ni relaciones sospechosas. Llevó una vida familiar feliz y tranquila, entregado por entero a sus deberes de padre, marido y funcionario. ¿Cómo podía un hombre así convertirse en traidor?

Pero todas estas circunstancias creaban sólo una presunción, no una certeza. Podemos admitir ataques de locura criminal.

El ahora célebre artículo publicado en 1896 por L'Eclair, *que evidentemente emanaba de una persona muy involucrada en el juicio, y la publicación en* Le Matin *del facsímil del* bordereau *atribuido a Dreyfus, me indujeron a continuar mi investigación fortaleciendo mis dudas. De este artículo se desprende claramente que este* bordereau, *en el que dos de los cinco expertos se negaron a reconocer la mano de Dreyfus, había sido la única prueba en la que se basó la condena, porque no había sido posible tener en cuenta legalmente un dosier comunicado después del hecho a los jueces sin el conocimiento del acusado y del defensor, de la que no se conoce las garantías de autenticidad, ni la fecha, ni el origen, y que, se dice, que contenía solo una inicial susceptible a todas las interpretaciones.*

Sin ponerme en contacto con la familia del capitán, porque quería evitar influencias personales, obtuve por un tercero, facsímiles del bordereau *y varias cartas de Dreyfus de diferentes fechas, y he comparado cuidadosamente los escritos; también los hice examinar por un muy hábil grafólogo amigo mío, que concluyó como yo. Creo poder afirmar que el* bordereau *no ha sido escrito por Dreyfus.*

A los ojos de un observador inexperto o informado, las dos escrituras pueden tener cierto parecido pero, si uno las analiza, se da cuenta de que todos los detalles y el carácter mismo de la caligrafía son diferentes. Si Dreyfus hubiera escrito este bordereau *distorsionando su letra, habría adoptado un tipo mucho más diferente al suyo y, por otro lado, habría traicionado sus hábitos gráficos con trazos aislados.*

Creí poder concluir de esta doble investigación sobre el bordereau *y la persona de Dreyfus que todo conspiraba para convencerme de que era víctima de un error deplorable. A esta convicción llegué solo, sin haber tenido influencia alguna...*

Podría estar equivocado; incluso diría que me gustaría que alguien me mostrara que estoy mal, porque así escaparía de esta tortura de pensar que mi país condenó a una persona inocente a tal sentencia por tal crimen. Pero no creo estar equivocado; persuadiéndome a mí mismo de lo quimérico don quijotismo, ni me he cegado, yo, descendiente de perseguidos, por la indignación que sentí al ver mezclados estos odios de religión y de raza con una pura cuestión de justicia y patriotismo...

En cuanto a los que afirman que la revisión del juicio sería un insulto al ejército, no sé a qué se refieren. Ninguna vergüenza puede atribuirse a un error concienzudamente cometido y reparado, ¿no se alegraría todo el ejército, por el contrario, de ver al impecable cuerpo de nuestros oficiales de artillería limpio de la mancha que ha dejado en él la supuesta traición del capitán Dreyfus?». (Haime de, 1898, pp. 214-217)

1897. Se publica *Une erreur judiciaire. L´affaire Dreyfus*

Une Erreur Judiciaire

L'AFFAIRE DREYFUS

PAR

BERNARD LAZARE

(Deuxième Mémoire avec des Expertises d'Ecritures

DE

MM. Crépieux-Jamin, Gustave Bridier

de Rougemont, Paul Moriaud, E. de Marneffe, de Gray Birch

Th. Gurrin, J.-H. Schooling, D. Carvalho, etc.)

PARIS

P.-V. STOCK, Éditeur

(Ancienne Librairie Tresse & Stock)

8, 9, 10, 11, Galerie du Palais-Royal (Palais-Royal).

1897

Portadilla de la segunda edición de la obra de Lazare de 1897: *Une erreur judiciaire. L´Affaire Dreyfus*

Con la publicación del facsímil del *bordereau* en el periódico *Le Matin*, se dispone de la caligrafía dubitada que sirvió de pieza incriminatoria al capitán Dreyfus, este hecho abre las puertas a cotejos de escritura por cualquier profesional o interesado.

El periodista Bernard Lazare que publica en 1896 en Bruselas un opúsculo con el título *Une erreur judiciaire. La vérité sur l´affaire Dreyfus* y una reedición más amplia que incluye el *bordereau* con unos comentarios críticos al trabajo de Bertillon, decide junto con Mathieu Dreyfus solicitar informes periciales a los expertos calígrafos más reconocidos en el mundo, estos estudios se publican en 1897 en una nueva obra de Lazare, con el título *Une erreur judiciaire. L´Affaire Dreyfus*.

Se detallan los expertos consultados por países y sus conclusiones:

Desde Francia:

Crépieux-Jamin. Médico odontólogo y grafólogo, considerado uno de los grafólogos más destacados del país, logra un gran éxito con su obra en 1888 *La escritura y el carácter*.

Su conclusión dice:

«En consecuencia, declaro: 1º Que la escritura de la pieza cuestionada no fue escrita por el autor de las piezas de comparación; 2º Que sea probable que la pieza cuestionada haya sido realizada con la intención de imitar la letra del autor de las piezas de comparación». (Lazare, 1897, p. 54)

Crépieux-Jamin

Cotejo de la letra "M" del *bordereau* y de la escritura de Dreyfus (Lazare, 1897, p. 76)

Las letras «je» del documento cuestionado se forma con un tipo único y bien característico, elabora una jamba separada de la letra «e» seguida del punto superior

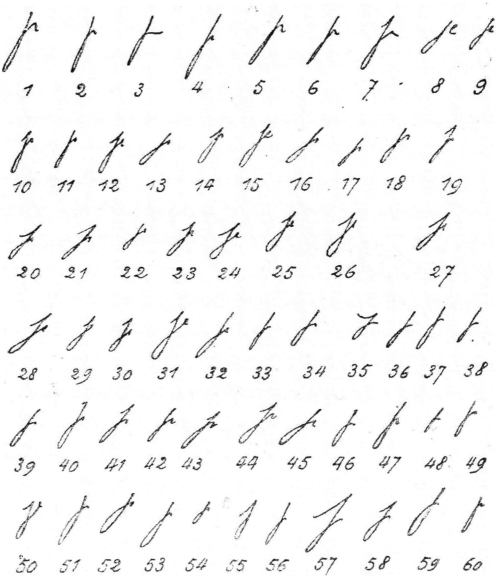

Análisis de Crépieux-Jamin sobre la sílaba «je» de la escritura genuina de Dreyfus, expone: «*Las 72 `je' que nos encontramos en las piezas de comparación. Se forman a partir de un bucle libre a la letra siguiente, sin punto. Aquí la similitud es absoluta*» (Lazare, 1897, p. 78)

Gustave Bridier. Destacado grafólogo y experto en escrituras.

Muy completo el informe pericial, que se estructura de la siguiente manera:
«1ª. Descripción del documento dubitado y de las piezas de comparación.
2ª. Objeto de la pericia.
3ª. Análisis gráfico de la pieza cuestionada:
-   Fisonomía de la escritura.
-   Idiotismos escriturales.
4ª. Análisis de las piezas indubitadas.
5ª. Comparación de los idiotismos escriturales.
6ª. Idiotismos alfabéticos.
-   Mayúsculas y minúsculas.
7ª. Comentarios al informe de Bertillon.
8ª. Recapitulación y Conclusiones».

Bridier llega a la siguiente conclusión:
«En consecuencia, esta conclusión general se impone que todas las piezas presentadas a la pericia no fueron escritas por la misma mano; que la pieza cuestionada es la obra de un escritor desconocido que ha dejado huellas de su estilo personal, y que las piezas de comparación son la obra de otro escritor». (Lazare, 1897, p. 134)

Cotejo de la letra «m» de Bridier con un estudio minucioso sobre los idiotismos alfabéticos; contrasta la escritura indubitada de diferentes años 1890, 1893 y 1895 (Lazare, 1897, p. 143)

Cotejo de la letra «h» de Bridier con un estudio minucioso sobre los idiotismos alfabéticos, en la escritura genuina analiza los años 1890, 1893 y 1895 (Lazare, 1897, p. 141)

Desde Suiza:

A. de Rougemont. Grafólogo, perito en verificación de escrituras.

Seguidamente, se muestran unas imágenes del análisis comparativo que realiza el experto suizo entre la escritura cuestionada del *bordereau* y la genuina de Dreyfus, donde coloca las letras que analiza junto con la explicación de su estudio para que se comprenda visualmente lo que quiere trasmitir.

opposée l'une à l'autre, d'écrire le mot « je ». Les quatre fois — lignes 2, 16, 25 et 26 — que ce mot se rencontre dans le bordereau, il est composé d'un « j » en forme de barre épaisse et fortement inclinée à droite, suivi à une distance plus ou moins considérable d'un « e » s'en allant en sens inverse :

Chez le capitaine Dreyfus, le « j », au lieu d'une barre épaisse, nous offre au contraire un long trait effilé, suivi d'un petit quelque chose qui doit signifier l'« e » :

Confrontación entre las letras «je» del *bordereau* y la escritura genuina de Dreyfus, donde se aprecia claramente las divergencias gráficas. (Lazare, 1897, p. 158)

Mais il n'en est rien. Au contraire, tous les « ss » de Dreyfus ont la structure inverse : au lieu d'un petit « s » suivi d'une barre épaisse : (double « ss » du bordereau) nous avons un « s » allongé suivi d'un petit « s » : , ou aussi deux « ss » normaux, d'égale hauteur.

Cotejo de la letra «s» simple y doble entre el *bordereau* y la indubitada de Dreyfus

Conclusión:

«1º La escritura del capitán Dreyfus, juzgado grafológicamente, lo protege absolutamente de la suposición de ser un cobarde y un traidor.

2º Las diferencias entre la escritura del bordereau *y las letras auténticas del capitán Dreyfus, son numerosas y tan profundas para probar de forma evidente que no han sido realizadas por la misma mano.*

Además, me gustaría decir para terminar, que el examen de las piezas que se someten al análisis caligráfico no siempre conduce a una certeza tan absoluta.

Pero en este caso, la duda no es posible.

Por mí, afirmo, sin temor a equivocarme, que el capitán Dreyfus no es el autor del documento incriminado; tarde o temprano los hechos lo probarán». (Lazare, p. 56)

Charles Hurst. Grafólogo, perito en escrituras. No llegó a emitir informe, solo pudo exponer su conclusión, que fue la siguiente:

«La escritura anónima del bordereau *no puede ser atribuida a la letra del capitán Dreyfus».* (Lazare, 1897, p. 59)

Paul Moriaud. Era un reconocido erudito suizo, abogado, doctor en Derecho y catedrático de la Facultad de Derecho de la Universidad de Ginebra.

Conclusión:
«*1º Dreyfus no ha escrito el bordereau.*
2º El bordereau es la obra de un falsario, imitador grosero de la escritura de Dreyfus». (Lazare, 1897, p. 202)

Paul Moriaud

Tabla comparativa de diferentes letras que presenta el experto suizo Moriaud, destacando la evidente desproporción que existe entre la escritura indubitada de Dreyfus y el *bordereau* (Lazare, 1897, p. 168)

Desde Estados Unidos:

<u>David Nunes Carvalho</u>. Detective privado, experto en escrituras forense, especializado en tintas, autor de la obra en 1904 titulada *Cuarenta siglos de tinta*.

Conclusión:

«*El* bordereau *no ha sido escrito por el capitán Dreyfus, es la obra de alguien que dedicó mucho esfuerzo a su escritura y que buscó imitar ciertas líneas características particulares y dominantes de la escritura auténtica del capitán Dreyfus*». (Lazare, 1897, p. 59)

David Nunes Carvalho

<u>Daniel T. Ames</u>. Artista calígrafo, maestro, experto en el estudio y verificación de escrituras, publicó en 1900 la obra *Ames sobre la falsificación: su detección e ilustración con numerosas causas Celebres*.

Conclusión:

«*Hasta donde he podido llevar a cabo la comparación de las escrituras que me han sido enviadas, soy de la opinión de que dicha escritura anónima* (bordereau) *es el resultado de un esfuerzo que tiende a imitar o falsificar la escritura del capitán Dreyfus y no su escritura disfrazada*». (Lazare, 1897, p. 59)

Daniel T. Ames

Desde Alemania:

<u>William Thierry Preyer</u>. Doctor en medicina, catedrático de fisiología en la Universidad de Jena, científico, químico. Nació en Manchester (Inglaterra) pero vivió en Alemania. Autor de numerosas obras muy notables, destaca el ensayo *Psicología de la escritura*, un libro de extraordinario valor grafológico y pericial.

Preyer muere en 1897 sin terminar el informe pericial, sin embargo, realiza un estudio previo e informa de sus conclusiones, que son las siguientes:

«*El anónimo del* bordereau *y las letras auténticas del capitán Dreyfus proceden de dos manos diferentes. El capitán Dreyfus no es el autor del* bordereau». (Lazare, 1897, p. 59)

William Thierry Preyer

Desde Bélgica:

<u>Edgar de Marneffe</u>. Reconocido grafólogo y experto en escrituras de Bruselas. Conclusión:

«En consecuencia, la conclusión que se impone es que los escritos mencionados al comienzo de este informe provienen de dos manos diferentes, y que el capitán Dreyfus no es el autor de la escritura anónima cuestionada». (Lazare, 1897, p. 210)

Cotejo de Marneffe de la letra «j» del escrito anónimo y las piezas de comparación (Lazare, 1897, p. 205)

Cotejo de Marneffe de la letra «q» del escrito anónimo y las piezas de comparación (Lazare, 1897, p. 207)

Desde Inglaterra:

<u>J. Holt Schooling</u>. Miembro de la Sociedad Royal de Estadística de Inglaterra, miembro del Instituto de Actuarios de Inglaterra, miembro del Comité de la Orden Egerton y Tatton relativo a la condición física y mental de los niños.

Conclusión:

«Como inglés, tengo poco conocimiento del caso Dreyfus y tal vez no sea necesario que diga que ninguna de las influencias políticas o de otro tipo que pueden o no ejercerse en este asunto tiene efecto en mi opinión actual, que se basa única y enteramente en las muestras de escritura que me proporcionaron. Pero, con estos especímenes ante mis ojos y en mis manos, y después del examen más completo, afirmo con la mayor firmeza y seriedad que el capitán Dreyfus no escribió el documento incriminatorio que se le ha atribuido». (Lazare, 1897, p. 236)

Walter de Gray Birch. Doctor en derecho, historiador, paleógrafo, editor, escritor, trabajó en el departamento de manuscritos del Museo Británico durante más de 30 años especializado en la comparación de escrituras, experto reconocido en autenticidad de escrituras, miembro de la Sociedad de Artes de Londres.

Conclusión:

«Tras un examen de estos documentos, tengo claramente la opinión, según mi juicio y conciencia de que el capitán Dreyfus no escribió el documento que se le atribuye».

Walter de Gray Birch

2° *Différences spécifiques*. — La lettre anonyme ne contient que six majuscules : A, C, J, L, M et S.

L'A est un « a » ordinaire ou minuscule agrandi dont on se sert couramment partout. La lettre se trouve ici ligne 26 : *a'*. Elle ne peut être comparée avec l'A ouvert du haut, dans *D*, ligne 2 : *alfred* ou l'A avec une ligne de départ intérieure dans *D*, ligne 8 : *ANar* ; ligne 13 : *Al* ; ligne 27 : *Al* ; ligne 41 : *A* et *P*, ligne 50 : *alfred*. Le C se trouve ligne 15 : *le*. Il ressemble un peu au C dans *D*, ligne 5 : *Comme*, et *P*, ligne 33 : *Che* , mais il diffère de cette lettre dans *P*, ligne 9 : *Comme* ; ligne 43 : *Chaton*. Mais Dreyfus a inconsciemment une façon particulière de faire la lettre qui suit son C majuscule; chaque fois, il prend un niveau plus élevé que de raison, voir *D*, ligne 5 : *Comme* ; *P*, ligne 9 : *Comme* ; ligne 33 : , ; ligne 43 : *Chaton*. Ceci n'est pas le cas dans l'exemple unique de la majuscule que présente la ettre anonyme : *le* .

Le J se trouve ligne 30, dans le mot *J* ; ce J diffère de la

Análisis de las diferencias específicas del experto inglés Gray Birch entre la escritura del *bordereau* y la letra genuina de Dreyfus (Lazare, 1897, p. 212)

Thomas Henry Gurrin. Destacado experto de escrituras londinense. Miembro de la Sociedad Royal de Microscopía, miembro de la Sociedad Royal de Geografía, experto adscrito al Ministerio de Hacienda, a la prefectura de policía, al Banco de Inglaterra, a la Asociación de Banqueros y de otras instituciones.

Conclusión:

«En vista de estos hechos, que tengo entre manos, el facsímil de la letra atribuida al capitán Dreyfus, presenta solo vagos puntos de semejanza con su verdadera escritura, ya que no tiene ninguna de sus características, me pregunto ¿cómo es posible tener, por un minuto, la idea de que la prueba está hecha y que la letra sea de su mano?

Todas mis observaciones me llevaron a la convicción de que este documento nunca fue escrito por Dreyfus.

La conclusión de este informe es, repito, que el documento incriminado no ha sido escrito por el capitán Dreyfus, admitiendo que el facsímil que tengo en manos es una reproducción fiel del original; en fin, creo sinceramente que está condenado por un crimen del que es inocente». (Lazare, 1897, p. 229)

Estudio de Gurrin de las letras «q», «s» y «c» del documento anónimo (Lazare, 1897, p. 230)

Estudio de Gurrin de las letras «q», «s» y «c» del documento anónimo (Lazare, 1897, p. 231)

1897. Denuncia al comandante Esterhazy

El 16 de noviembre de 1897 Mathieu Dreyfus por medio de una carta abierta dirigida al general Billot, denuncia al comandante Esterhazy como autor del *bordereau*.

«Señor ministro. La única base de la acusación dirigida, en 1894, contra mi desafortunado hermano es una carta sin firma, sin fecha, que establece que se entregaron documentos militares confidenciales a un agente de una potencia extranjera. Tengo el honor de informarle que el autor de este documento es el Sr. Walsin- Esterhazy, comandante de infantería, suspendido del servicio activo desde la primavera pasado por razones de mala salud.
La escritura del comandante Walsin-Esterhazy es idéntica a la del documento cuestionado, va a ser muy fácil para usted, ministro, pida una muestra de escritura de este oficial. Por otra parte, estoy dispuesto a señalar donde puede encontrar letras de incuestionable autenticidad y de fecha antes de la detención de mi hermano.
No podemos dudar, ministro, que una vez que conociendo al autor de la traición de la cual mi hermano ha sido condenado, se actúe con rapidez para que se haga justicia». (Haime, 1898, pp. 110-111)

El general Pellieux es el encargado de dirigir la investigación del comandante Esterhazy.

El 17 de noviembre Mathieu se reúne con Pellieux y le declara que una parte de la acusación está basada en la notable semejanza escritural existente entre el *bordereau* y la letra de Esterhazy; le solicita que realice un nuevo examen de escrituras con esta información.

Al día siguiente, Pellieux se entrevista con el senador Scheurer-Kestner que le declara su convencimiento de la inocencia de Dreyfus y la culpabilidad de Esterhazy; además, le confiesa que tiene escritos de Esterhazy y los ha cotejado con expertos calígrafos y ha verificado que ambas escrituras son idénticas.

General Pellieux

Los generales Boidesffre y Gonse se reúnen con Pellieux y comentan sobre el peligro que supone un nuevo examen del *bordereau*, temen que se pueda poner en duda la culpabilidad de Dreyfus. Ante este nuevo panorama, Pellieux requiere los servicios de tres peritos en escrituras independientes.

En su informe, Pellieux recomienda que Esterhazy sea juzgado por un tribunal militar, aunque no hay ninguna evidencia que soporte las acusaciones de Mathieu y de Picquart. No considera necesario que Esterhazy sea arrestado al no existir pruebas o evidencias comprometidas, al menos, hasta que los peritos calígrafos presenten sus conclusiones. Manifiesta que la base de la acusación de Picquart, el *Petit bleu*, no es auténtico y lo culpa de revelar documentos secretos a personas fuera del Ministerio de la Guerra (su amigo, el abogado Louis Leblois).

L'ILLUSTRATION

du Numéro : 75 centimes.   SAMEDI 4 DÉCEMBRE 1897   *55ᵉ Année — Nᵒ 2*

El mayor Ferdinand Walsin Esterhazy, nace en 1847 en París, su padre el general Walsin Esterhazy muere en la guerra de Crimea, su abuelo fue hijo ilegítimo de la condesa húngara Marie Anne Esterhazy. Al ser descendente ilegítimo de familia noble, se le permite el apellido pero no se le reconoce título nobiliario.

Le Petit Journal

SUPPLÉMENT ILLUSTRÉ

Huit pages : CINQ centimes

Le Petit Journal
CHAQUE JOUR 5 CENTIMES

Le Supplément illustré
CHAQUE SEMAINE 5 CENTIMES

ABONNEMENTS

	SIX MOIS	UN AN
SEINE ET SEINE-ET-OISE	2 fr.	5 fr. 50
DÉPARTEMENTS	2 fr.	4 fr.
ÉTRANGER	2 50	5 fr.

Huitième année

DIMANCHE 19 DÉCEMBRE 1897

Numéro 370

Le général de Pellieux et le commandant Esterhazy

El general Pellieux dirige la primera investigación a Esterhazy como supuesto autor del *bordereau*

104

Pellieux requiere los informes periciales para cotejar la escritura del *bordereau* con la letra indubitada de Esterhazy. El comandante Ravary es el encargado de continuar con la instrucción, solicita los servicios de tres expertos en escrituras.

Pierre Varinard
Grafólogo y perito calígrafo

Edme Étienne Belhomme
Antiguo inspector de la Academia y experto en escritura

Émile Coüard
Antiguo alumno de la Escuela de Chartes, experto en el tribunal del Sena y Oise

Esterhazy preocupado por la designación y análisis de los peritos escribe:
«...Si los peritos concluyen que el escrito es mío, me es imposible en mi defensa no tratar de demostrar que es Dreyfus el autor del bordereau. *Comprended pues que, si sois verdaderamente los maestros de la instrucción y de los expertos, solo puedo confiar absolutamente en vosotros, pero que, si se os escapa, como temo, estoy obligado a demostrar que el* bordereau *es un calco por Dreyfus de mi escritura. Estos temores fueron en vano. Comparado, archivado el 26 de diciembre de 1897, los expertos Belhomme, Couard y Varinar».* (Crépieux-Jamin, 1935, pp. 34-35)

El 14 de diciembre de 1897 el comandante Ravary cita en su oficina a los tres expertos calígrafos Varinard, Belhomme y Couard, donde se reúnen junto con Esterhazy para formar un cuerpo de escritura. A los diez días presentan el informe pericial caligráfico con el siguiente resultado: «*La escritura del* bordereau *no es ni franca ni natural..., existen inconsistencias de todo tipo, la escritura tiene vacilaciones, repeticiones, restricciones que son indicios de fraude*».

Aseguran (en línea con Bertillon) que las repeticiones de las palabras del *bordereau* son idénticas y parecen copiadas de la misma matriz.

Los peritos plantean la hipótesis de que el autor del *bordereau* ha querido ocultar su personalidad tras la de Esterhazy, según ellos, ciertas formas de escritura del anónimo cuestionado reproducen cuidadosamente la letra de Esterhazy y concluyen en estos términos: «*El* bordereau *es una burda imitación de la escritura de Esterhazy, pero no es la suya*».

Sin embargo, los peritos no cotejan el *bordereau* con la escritura de Dreyfus y así evitar contrariedades y explicaciones de un resultado muy dudoso.

Neuvième année. — N° 462.   Huit pages : CINQ centimes   Dimanche 12 Décembre 1897.

Le Petit Parisien

TOUS LES JOURS
Le Petit Parisien
5 CENTIMES.

SUPPLÉMENT LITTÉRAIRE ILLUSTRÉ
DIRECTION: 18, rue d'Enghien, PARIS

TOUS LES JEUDIS
SUPPLÉMENT LITTÉRAIR
5 CENTIMES.

L'AFFAIRE DREYFUS

El comandante Esterhazy se siente protegido y respaldado por el Estado Mayor y aconsejado por su abogado Tézenas, con el acuerdo de los generales Boisdeffre y Billot, escribe al general Pellieux donde exige ser juzgado por un consejo de guerra y así demostrar su inocencia y limpiar su nombre ante las acusaciones

Cambiar el mundo amigo Sancho, que no es locura, ni utopía, sino justicia.
Miguel de Cervantes

1898

Consejo de guerra a Esterhazy - Publicación J´Acusse - Juicio penal a Émile Zola

AFFAIRE DREYFUS (Parquet du Conseil de guerre)

M. LE CHEF DE BATAILLON HERVIEU   M. LE CHEF DE BATAILLON RAVARY   M. VALLECALLE

Investigación del comandante Ravary sobre la implicación de Esterhazy como sospechoso de traición, requiere informe a los tres peritos calígrafos: Varinard, Couard y Belhomme

1898. Consejo de guerra a Esterhazy

El 10 de enero de 1898 comienza la corte marcial al comandante Esterhazy en la misma sala que se juzgó al capitán Dreyfus. El general Charles de Luxer preside el Consejo junto a seis oficiales.

Maurice Tézenas es el abogado defensor de Esterhazy; Mathieu Dreyfus representado por Edgar Demange y Lucie Dreyfus por Fernand Labori, ambos personados como acusación particular tras haber presentado denuncia contra Esterhazy.

El consejo de guerra se realiza a puertas abiertas, salvo que se produzcan altercados y suponga un peligro para la seguridad nacional. Por lo tanto, el acusado y el resto de los testigos serán escuchados en sesión pública; sin embargo, los testimonios militares y la ratificación de los peritos calígrafos será en sesión cerrada.

Comandante Esterhazy

Esterhazy se defiende y proclama su inocencia, declara que el *petit bleu* es falso, es una creación de Picquart para acusarlo, reconoce que la letra del *bordereau* es similar a la suya, pero es producto de un imitador.

En la intervención de Mathieu Dreyfus, destaca la notable semejanza entre la escritura cuestionada del *bordereau* y la letra indubitada de Esterhazy, se basa y lo acreditan los análisis realizados por los expertos calígrafos, Sres. Monod, Bridier, Crépieux-Jamin, Burckhardt y de Rougemont.

El senador Scheurer-Kestner durante su intervención, detalla las investigaciones realizadas, sus resultados y su convencimiento de la culpabilidad de Esterhazy.

La declaración de Picquart resulta muy tensa, con repetidas interrupciones y rechazo por parte del presidente Luxer.

Al día siguiente, Picquart se enfrenta con Lauth, Gribelin y Henry que lo acusan de revelar el «dossier secreto» a su amigo el abogado Leblois.

Ratifica el perito Belhomme en su nombre y en representación de los expertos Varinard y Couard, declara que el *bordereau* no ha sido escrito por Esterhazy y concluye que puede ser obra de un falsificador que imita la escritura del acusado.

Bertillon y el comandante du Paty testifican a favor de Esterhazy; además, acusan a Picquart de ser el artífice y crear documentos falsos para inculparlo.

El abogado Tézenas pronuncia un largo discurso donde proclama la inocencia del acusado y que todo ha sido producto de una manipulación.

Después de tres minutos de deliberación, Luxer pronuncia el veredicto del Tribunal: «Esterhazy es absuelto por unanimidad».

El acusado liberado es aclamado, ovacionado, se escuchan aplausos por la multitud con gritos de júbilo a favor del ejército y de Esterhazy; mientras que Mathieu Dreyfus y Picquart son insultados, abucheados y amenazados.

L'ILLUSTRATION

Prix du Numéro : 75 centimes.   SAMEDI 15 JANVIER 1898   56ᵉ Année — Nᵒ 2864

Colonel BOUGON, du 1ᵉʳ cuirassiers.
Phot. Pirou, boul. Saint-Germain.

Colonel de RAMEL, du 24ᵉ d'infanterie.
Phot. René Duval.

Lieutenant-colonel GAUDELETTE, de la garde républicaine
Phot. Pirou, boul. Saint-Germain.

Lieutenant-colonel MARCY, du 1ᵉʳ génie.

Chef de bataillon LEGUAY
Du 113ᵉ régiment de ligne.

Chef d'escadron d'artillerie RIVALS

AFFAIRE ESTERHAZY. — Les membres du Conseil de guerre. — Voir l'article, p. 51.

Miembros del consejo de guerra al comandante Esterhazy

110

Dixième année. — N 467.   Huit pages : CINQ centimes   Dimanche 16 Janvier 1898.

Le Petit Parisien

TOUS LES JOURS
Le Petit Parisien
5 CENTIMES.

SUPPLÉMENT LITTÉRAIRE ILLUSTRÉ
DIRECTION: 18, rue d'Enghien, PARIS

TOUS LES JEUDIS
SUPPLÉMENT LITTÉRAIRE
5 CENTIMES.

L'AFFAIRE DREYFUS. — LE CONSEIL DE GUERRE

M° TÉZENAS, avocat du commandant Esterhazy — Le général de LUXER président du Conseil de guerre — Le commandant HERVIEU, commissaire du gouvernement.

El 10 de enero de 1898 comienza la corte marcial a Esterhazy que dura dos días; el abogado Tézenas junto con los generales Boisdeffre, Billot y Pellieux como instructor de la investigación, acuerdan un juicio rápido, sin sorpresas ni complicaciones, convencidos que así se terminará y olvidará el caso Dreyfus

L'affare Dreyfus — Il maggiore Esterhazy davanti al Consiglio di guerra a Parigi.

El comandante Esterhazy frente al consejo de guerra

Neuvième année. — N° 371.   Huit pages : CINQ centimes.   Dimanche 23 Janvier 1898.

LE PROGRÈS ILLUSTRÉ

Léon DELAROCHE Fondateur   Supplément littéraire du « PROGRÈS DE LYON »   Léon DELAROCHE Fondateur

ABONNEMENTS	ADMINISTRATION ET RÉDACTION	LES ANNONCES
Lyon, Rhône et limitrophes . . . . . 2f » 3f 50	85, Rue de la République, 85	sont reçues directement aux Bureaux du Journal
Hors de ces départements 2f 50 4f 50	ADRESSER LES CORRESPONDANCES ET ABONNEMENTS	ET DANS TOUTES LES AGENCES DE PUBLICITÉ
	à M. L'ADMINISTRATEUR	de France et de l'Étranger

L'Affaire ESTERHAZY devant le Conseil de Guerre.

Mathieu Dreyfus declara contra Esterhazy como autor del *bordereau*, afirma la inocencia de su hermano y expone los resultados de su investigación y las conclusiones de los mejores expertos calígrafos

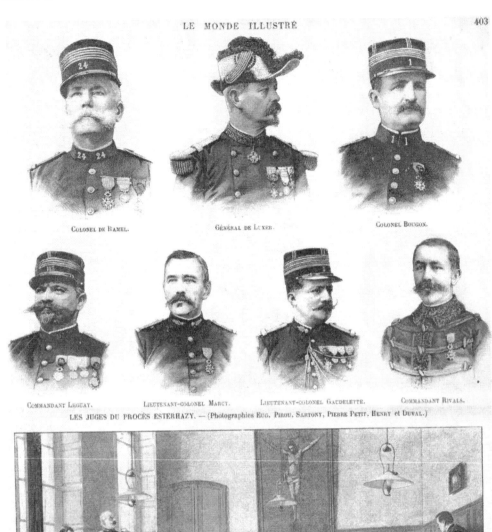

LE MONDE ILLUSTRÉ

403

COLONEL DE HAMEL.   GÉNÉRAL DE LUXER.   COLONEL BOUGON.

COMMANDANT LEGRAY.   LIEUTENANT-COLONEL MARCY.   LIEUTENANT-COLONEL GAUDELETTE.   COMMANDANT RIVALS.

LES JUGES DU PROCÈS ESTERHAZY. — (Photographies EUG. PIROU, SARTONY, PIERRE PETIT, HENRY et DUVAL.)

PROCÈS ESTERHAZY. — L'AUDIENCE DU CONSEIL DE GUERRE.

El consejo de guerra a Esterhazy está formado por el general Luxer (como presidente) junto a seis oficiales

L'AFFAIRE DREYFUS

UNE AUDIENCE DU CONSEIL DE GUERRE. — LE PROCÈS DU COMMANDANT ESTERHAZY

El comandante Esterhazy y su abogado defensor Tezenas ante el consejo de guerra

Mathieu Dreyfus acusa al comandante Esterhazy como el traidor, verdadero autor del *bordereau* y reivindica la inocencia de su hermano

El 11 de enero de 1898 termina el consejo de guerra a Esterhazy, se lee la sentencia de absolución seguida por aplausos y ovaciones al acusado y al ejército; por otro lado, se escuchan insultos y amenazas hacia Mathieu Dreyfus y al teniente coronel Picquart como promotores de este juicio. Esterhazy es aclamado por la muchedumbre con gritos de júbilo: *«¡Felicitaciones al mártir de los judíos!, ¡Larga vida al ejército!, ¡Viva Francia!, ¡Muerte a los judíos!»*. Cientos de franceses festejan la decisión del Tribunal

LE PÈLERIN

La défaite de la bande juive, par l'acquittement du commandant Esterhazy, est accueillie par la foule aux cris de : « Vive l'armée! à bas les juifs! »

La salida del comandante Esterhazy es vitoreada con gritos de alegría: «¡Viva la armada! ¡Abajo los judíos!»

1898. Publicación J´Accuse

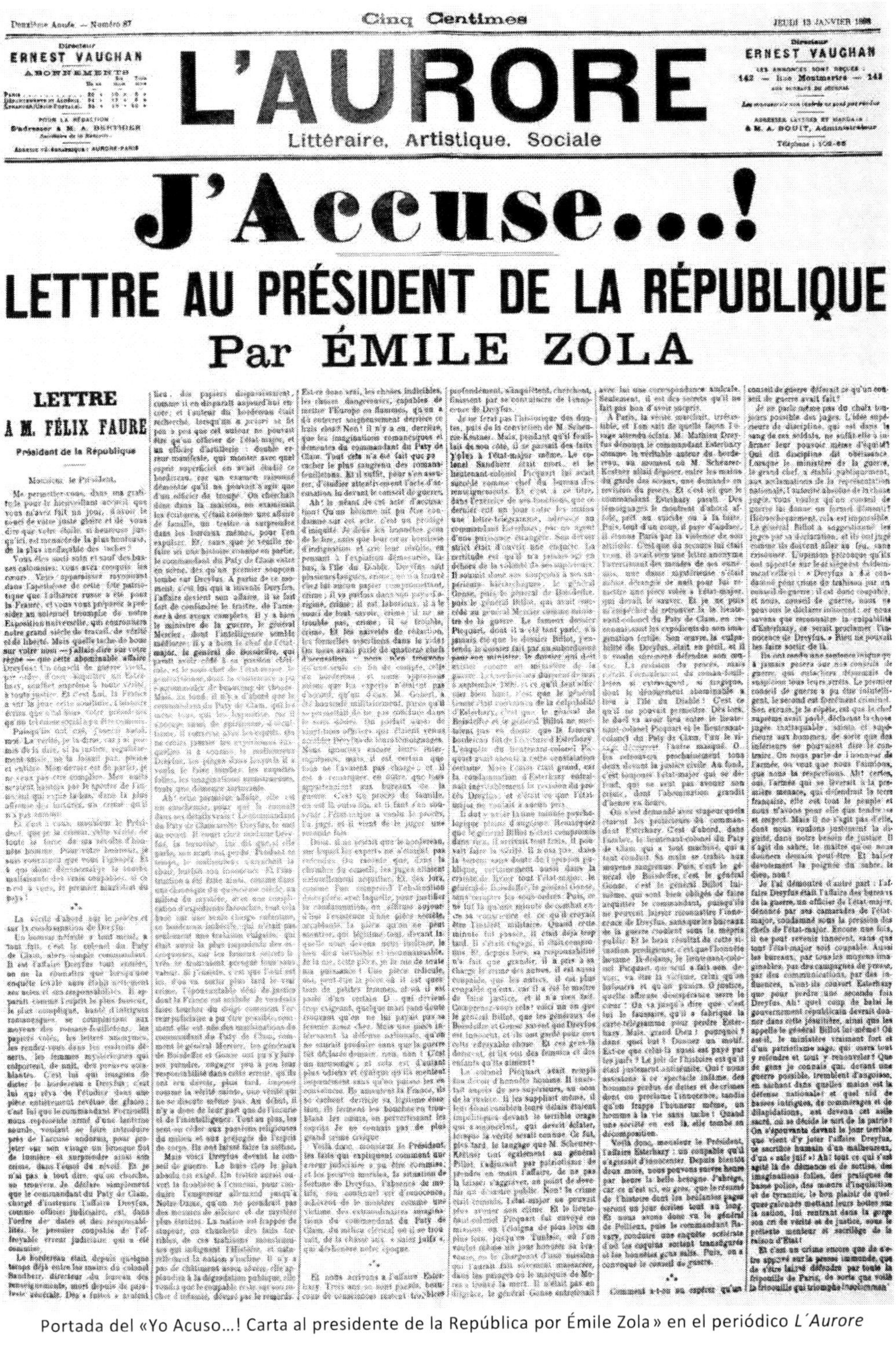

Cinq Centimes

L'AURORE

Littéraire, Artistique, Sociale

Directeur ERNEST VAUGHAN

J'Accuse...!

LETTRE AU PRÉSIDENT DE LA RÉPUBLIQUE

Par ÉMILE ZOLA

LETTRE

A M. FÉLIX FAURE

Président de la République

Portada del «Yo Acuso...! Carta al presidente de la República por Émile Zola» en el periódico *L´Aurore*

Dos días después de la celebración del juicio a Esterhazy, y de dictarse una sentencia muy discutida, Zola indignado por este escándalo, escribe su célebre artículo «J´Accuse...! Lettre au président de la République», se publica el 13 de enero de 1898 por el joven diario *L´Aurore*, fundado por Clemenceau y Vaughan. Con esta publicación, el escritor proclama desde el principio la inocencia de Dreyfus. A continuación, se expone el fragmento de la acusación con el retrato de cada uno de los implicados:

«Mi deber es hablar, no quiero ser cómplice. Mis noches estarían acechadas por el espectro del inocente que allí expía, en el más espantoso de los suplicios, un crimen que no cometió.

Du Paty

Acuso al teniente coronel du Paty de Clam como artífice -quiero suponer inconsciente- del error judicial, y por haber defendido su obra nefasta tres años después con maquinaciones descabelladas y culpables.

Mercier

Acuso al general Mercier por haberse hecho cómplice, al menos por debilidad, de una de las mayores iniquidades del siglo.

Acuso al general Billot de haber tenido en sus manos las pruebas de la inocencia de Dreyfus, y no haberlas utilizado, haciéndose por lo tanto culpable del crimen de lesa humanidad y de lesa justicia con un fin político y para salvar al Estado Mayor comprometido.

Billot

Boisdeffre   Gonse

Acuso al general Boisdeffre y al general Gonse por haberse hecho cómplices del mismo crimen, el uno por fanatismo clerical, el otro por espíritu de cuerpo, que hace de las oficinas de Guerra un arca santa, inatacable.

Acuso al general Pellieux y al comandante Ravary por haber hecho una información infame, una información parcialmente monstruosa, en la cual el segundo ha labrado el imperecedero monumento de su torpe audacia.

Pellieux   Ravary

Acuso a los tres peritos calígrafos, los señores Belhomme, Varinard y Couard por sus informes engañadores y fraudulentos, a menos que un examen facultativo los declare víctimas de una ceguera y del juicio.

Acuso a las oficinas de Guerra por haber hecho en la prensa, particularmente en L'Éclair y en L'Echo de París una campaña abominable para cubrir su falta, extraviando a la opinión pública.

Y, por último: acuso al primer consejo de guerra, por haber condenado a un acusado, fundándose en un documento secreto, y al segundo consejo de guerra, por haber cubierto esta ilegalidad, cometiendo el crimen jurídico de absolver conscientemente a un culpable.

No ignoro que, al formular estas acusaciones, arrojo sobre mí los artículos 30 y 31 de la Ley de Prensa del 29 de julio de 1881, que se refieren a los delitos de difamación. Y voluntariamente me pongo a disposición de los Tribunales.

En cuanto a las personas a quienes acuso, debo decir que ni las conozco ni las he visto nunca, ni siento particularmente por ellas rencor ni odio. Las considero como entidades, como espíritus de maleficencia social. Y el acto que realizo aquí, no es más que un medio revolucionario de activar la explosión de la verdad y de la justicia.

Solo un sentimiento me mueve, solo deseo que la luz se haga, y lo imploro en nombre de la humanidad, que ha sufrido tanto y que tiene derecho a ser feliz. Mi ardiente protesta no es más que un grito de mi alma. Que se atrevan a llevarme a los Tribunales y que me juzguen públicamente».

Dibujo satírico que representa el enfrentamiento de los dreyfusistas. A la cabeza Émile Zola reivindica la justicia y la verdad. Utiliza como arma una pluma y con la tinta escribe el titular de su artículo «J´Accuse», frente a un ejército francés nacionalista, impasible ante la amenaza de los escritores e intelectuales

Revueltas antisemitas. Los enfrentamientos entre dreyfusistas y antidrefusistas cada vez son más agresivos. La imagen muestra la agitación antisemita en la plaza pública de Montmartre, un maniquí con la figura de Alfred Dreyfus es quemado por una multitud provocadora y violenta

1898. Juicio a Zola

La escandalosa absolución de Esterhazy, unido a la posición extremista y antisemita del mando militar que no admite ni reconoce los hechos, ciego por su fanatismo, incita a Émile Zola a intervenir de una forma directa, enérgica y contundente, decide escribir un extenso artículo que presenta al mundo con el titular «¡J´Accuse...! Lettre au président de la République».

La publicación superó el efecto pretendido por Zola y mucho más decisivo de lo esperado por los suyos, con una tirada de 300.000 copias y con un título potente y provocativo, al grito «¡Yo acuso!» supone una forma eficiente y revolucionaria de crítica, de proclamar y exigir justicia. El texto provoca un gran revuelo en las calles de París al mismo tiempo que se expone a un rechazo y odio sin precedentes por los antisemitas.

Las consecuencias no se hacen esperar, al comprometerse el escritor públicamente, se en-

Zola con gesto cabizbajo

frenta a una fuerte y agresiva hostilidad desde el primer día de su publicación; el gobierno inicia de inmediato una denuncia y un proceso judicial contra él y contra Alexandre Perrenx, director del periódico *L´Aurore*.

El 7 de febrero comienza el juicio a Émile Zola ante el Tribunal de lo Penal del Sena, en el Palacio de Justicia de París. Lo preside Albert Delegorgue, como abogado de la acusación Edmond Van Cassel y un jurado compuesto por 12 civiles.

El abogado Labori defiende a Zola, junto con un grupo de asesores que incluye a Trarieux, Leblois, Reinach, Mathieu Dreyfus y otros. Los hermanos Albert y Georges Clemenceau defienden a Perrenx, director del diario *L´Aurore*.

El juicio dura más de quince días, intervienen unos 200 testigos y más de 20 peritos calígrafos. La sala está repleta de periodistas, abogados, oficiales uniformados y señoras de la alta sociedad. Para la familia Dreyfus este juicio es vital, si se demuestra la verdad de la publicación de Zola, se confirma la inocencia de Alfred Dreyfus.

La extraordinaria cobertura mediática de este juicio, supone reabrir una herida y generar una notable publicidad internacional del caso Dreyfus, cristalizando las pasiones dreyfusistas y antidreyfusistas y revelando al mundo las áreas grises que han rodeado los juicios de Dreyfus y Esterhazy.

LE PROCÈS DE M. ÉMILE ZOLA

M° LABORI — M° ALBERT CLEMENCEAU — M ÉMILE ZOLA — MADAME DREYFUS — M. MATHIEU DREYFUS — LE COLONEL PICQUART — LE G^ᵃˡ DE BOISDEFFRE — LE GÉNÉRAL GONSE — LE GÉNÉRAL MERCIER — LE COMMANDANT RAVARY — LE GÉNÉRAL DE PELLIEUX — M° LEBLOIS

(Photographies de MM. Reeque, Pierre Petit, Eugène Pirou, Ogerau. Naviet, etc.)

Principales protagonistas que intervienen en el proceso a Zola

Supplément Illustré du Petit Journal

GÉNÉRAL GONSE   COMMANDANT RAVARY   GÉNÉRAL DE BOISDEFFRE

COMMANDANT LAUTH   M. SCHEURER-KESTNER   GÉNÉRAL MERCIER

L'ARCHIVISTE GRIBELIN   M. JAURÈS   Mme DREYFUS

L'AFFAIRE ZOLA
Portraits des principaux témoins

Retratos de los principales testigos del caso Zola

12 Février 1898   L'ILLUSTRATION   Nº 2868

Principales testigos durante el proceso Zola, arriba: Generales Gonse, Boisdeffre y Mercier; abajo: El abogado y político Trarieux, el senador Scheurer-Kestner y el abogado Leblois

Intervención de los peritos calígrafos

Peritos contrarios a Dreyfus

Bertillon.

Parte del discurso soberbio de la deposición de Bertillon:

«Sería muy largo de explicar y no se puede hacer en una conversación para entender completamente la cosa, debe leer la declaración que hice ante el consejo de guerra de 1894. En esta declaración, he demostrado de manera irrefutable, con pequeños bocetos que los jueces han visto la culpabilidad de Dreyfus y que, por un proceso de razonamiento y deducción me llevó a pruebas materiales irrefutables. Se necesitaría más de dos largas columnas para exponer mi deposición, y el día que tenga autorización, lo publicaré». (Zola, 1898, T1, p. 457)

Alphonse Bertillon

La testifical del jefe del servicio de identificación judicial fue muy tensa, aquí se muestra una breve disputa entre el abogado Labori y Bertillon, donde se aprecia la terquedad del perito:

«Labori – ¿El testigo nos dirá si el bordereau está escrito de forma corriente?

Presidente – ¿Puede usted responder esto?

Bertillon – Me resulta absolutamente imposible responder esta cuestión sin entrar en mi declaración de 1894, yo no puedo responder si se trata de una escritura común sin entrar en mi demostración de 1894.

Labori – Permítame Sr. presidente, no tengo que preocuparme de esta demostración; no se le puso una mordaza eterna sobre la boca de Bertillon, solo sé una cosa, tenemos aquí un testigo, más aún, se puede decir, un testigo oficial, él está obligado a declarar y le pregunto por una cuestión capital, no hablo del caso Dreyfus, lo olvido por ahora, le hablo del bordereau de Esterhazy. Mi pregunta: ¿La escritura del bordereau es de una mano corriente o hecho de palabras anotadas?

Presidente – (al testigo), ¿Es sí o no el bordereau una escritura corriente?

Bertillon – Es imposible de responder a esta cuestión sin entrar en mi deposición de 1894, no es ni lo uno ni lo otro, … hay malentendidos, me veo obligado a entrar en el corazón de la cuestión o no decir nada en absoluto». (Zola, 1898, T1, pp. 461-462)

Bertillon mantiene de forma categórica su conclusión inicial de que Dreyfus es el autor del *bordereau* y dice que él no puede hablar sobre el caso Esterhazy porque no lo ha estudiado, no se ha ocupado del caso. El abogado aclara que como experto en escrituras y tras haber estudiado el *bordereau*, habrá cotejado la escritura de Esterhazy y tendrá una opinión, Bertillon responde: *«Estoy absolutamente convencido que Dreyfus ha escrito el* bordereau*, estoy absolutamente convencido que es imposible que otra persona haya escrito el* bordereau*»* (Zola, 1898, T1, p. 434)

Teyssonnières. Declara en la misma línea del consejo de guerra a Esterhazy. En otra sesión más adelante tiene un careo con Ludovic Trarieux.

Charavay. Se niega a contestar a las preguntas del abogado Labori argumentando que desconoce el caso Esterhazy.

Couart, Belhome y Varinard. No contestan a las cuestiones refutando la obligación del secreto profesional. El abogado Labori pregunta a Varinard sobre su conclusión en el estudio de la escritura de Esterhazy, a lo que alega: «*El informe del caso Esterhazy fue presentado a la cámara, por tanto, no puedo responder*».

Los peritos en escrituras acusados por Zola en su publicación «J´Accuse», decía así: «*Acuso a los tres peritos calígrafos, los señores Belhomme, Varinard y Couard por sus informes engañadores y fraudulentos, a menos que un examen facultativo los declare víctimas de una enfermedad en la vista y mental*»

El 16 de enero de 1898 declara Varinard en una entrevista al diario *Petit Temps,* emplea unos argumentos ridículos e imaginativos:

Pierre Varinard, postal original de presentación (1898)

«*El autor del* bordereau *obviamente imitó la letra del mayor Esterhazy y quizás incluso la de otras personas, pero no hacía falta entrar en este último punto. Este autor imitaba generalmente el ritmo de la letra del comandante y copiaba cierto número de palabras de esta última letra. Por ejemplo, las palabras "una nota" se repite tres veces y parece claramente que estas palabras se han trazado, cada una de estas tres veces, en una matriz única.*

Es lo mismo con la palabra "artillería", parece que es una porción de palabras que se copia; por lo que el autor del bordereau *tenía a su disposición la palabra "que", de la escritura del comandante; si tenía que escribir la palabra "quelque", copia dos veces la palabra "que" y, mientras tanto, añade, la letra "l" de su escritura.*

Este último hecho parece inducir a creer que el autor del bordereau *sólo disponía de un número limitado de palabras de puño y letra del comandante Esterhazy*». (Haime, 1898, p. 189)

El 23 de enero los periódicos *L´Écho* y *Le Matin* entrevista a los expertos Belhomme y Varinard, se extrae este fragmento:

Belhomme declara: «*Leí el libro del Sr. Bernard Lazare. Lo anoté. ¡Cómo! he aquí unos expertos que han accedido a hacer un trabajo de comparación sobre una foto publicada en* Le Matin, *foto que ellos mismos reconocen como muy defectuosa, machacada, gastada, y en sus conclusiones dicen "El* bordereau *es obra de alguien que trató de imitar la letra de Dreyfus".*

Pero tuve la curiosidad de leer una a una todas las cartas del excapitán, adjuntas al volumen. En estas letras, no hay una "s" alemana y encuentro cinco en el bordereau, que tiene treinta líneas... ¿Qué más quieres que te diga sobre este punto?»

Por su parte, el Sr. Varinard manifesta: «*Por lo tanto, le reitero que hemos cumplido con todo nuestro deber, y el Sr. Zola no hubiera tenido más que emprender una rápida investigación: él no hubiera hablado de enfermedades de la vista ni del juicio, si hubiera notado con qué imparcialidad y qué precisión escrupulosa siempre he tenido en mis informes ante los tribunales*». (Haime, 1898, p. 184)

Peritos a favor de Dreyfus

Pelletier y Gobert declaran que no pueden pronunciarse sobre la escritura de Esterhazy ya que no la han estudiado y ratifican que *el bordereau* no ha sido escrito por Dreyfus.

Crépieux-Jamin   Paul Meyer   Auguste Molinier

El 15 de febrero interviene el erudito Paul Meyer, profesor del Colegio de Francia, director de la Escuela de Chartes, filólogo, conservador de los Archivos Nacionales responde a Labori sobre su conclusión de la escritura de Esterhazy:

«El facsímil del bordereau *reproduce absolutamente la letra de Esterhazy, no vi ninguna razón para hacer una distinción entre ambas escrituras. Esta identidad en la escritura se presenta de una manera tan simple y evidente, que es suficiente tener el hábito de la observación y de la crítica para llegar a la conclusión formulada sin ninguna reserva».* (Zola, 1898, T1, pp. 540-541)

Muy interesante la reflexión y la crítica de Meyer al sistema de Bertillon:

«Realmente hay demasiadas personas que tienen sus asientos hechos, y a medida que avanzamos y puedo leer las declaraciones que precedieron a la mía, a menudo experimento un sentimiento de tristeza, viendo lo tercos que somos en opiniones que a menudo se basan en cuestiones secundarias. Preguntas que pueden resolverse sin gran importancia en un sentido u otro, persistimos en ellas porque una vez que nos hemos detenido ahí, no es la mente científica...

Y debo decir, ya que hablé del escrito del bordereau, *que verdaderamente me angustié y entristecí cuando leí el testimonio de un perito, que fue reproducido taquigráficamente, y que no me extrañó; porque yo había hablado antes con este experto, que es un hombre muy notable en ciertos aspectos y que ha creado una cosa verdaderamente magnífica, la antropometría.*

Bueno, esta conversación me interesó al principio; siempre hay algo que aprender; luego a veces, me divertía; finalmente salí de allí desconsolado, señores, con el corazón roto de pensar cómo era posible encomendar una pericia tan seria, tan llena de responsabilidad, a un hombre cuyos procedimientos de investigación escapan a toda contradicción, a toda crítica, porque estos procesos están fuera de todo método y de todo sentido común». (Haime, 1898, pp. 210-211)

Se extrae un fragmento muy sugerente de la declaración del 17 de febrero de 1898 del académico <u>Arthur Giry</u>, profesor de la Escuela de Chartes y de la Escuela de Altos Estudios. Caballero de la Legión de Honor, que dice así:

Arthur Giry

«Cuando el Sr. Zola me escribió pidiéndome que examinara los documentos que iban a ser incluidos en este debate, dudé por un momento en aceptar la tarea de hacer este examen. Dudé porque no estaba acostumbrado, lo confieso, a este tipo de pericia, me lo habían pedido algunas veces y siempre me había negado obstinadamente, absolutamente, a apartarme por esta razón, de mis estudios.

Y luego, debo decirlo, temía que las condiciones bajo las cuales podría estar obligado a realizar esta pericia fueran defectuosas. Ya preveía que no me sería posible examinar la pieza principal.

Pero, pensando en ello, pensando en la gravedad de las cuestiones de justicia y legalidad que dominan todo este debate, pensé que era mi deber salir de mi reserva habitual para hacer el examen solicitado, para intentar, en la medida de mi fuerza, para ayudar en la manifestación de la verdad.

Así que acepté, al aceptar precisé, escribiendo al Sr. Zola, quise concretar de manera muy precisa que quería que mi libertad fuera absolutamente completa, y que, si hacía este examen, cualquiera que sea el resultado de los estudios, lo expondría aquí con franqueza y claridad.

El señor Zola me contestó inmediatamente, en una carta que me hubiera gustado leerle, pero que puedo citar de memoria, diciéndome que aceptaba absolutamente todas mis condiciones, todas mis reservas, que eran todas naturales, y que simplemente estaba pidiendo a hombres de ciencia y buena fe que vinieran y dijeran ante la Corte lo que pensaban.

Es bajo estas condiciones que acepté tomar este examen. Lo hice sin preocuparme por el fondo del debate. He tratado estos documentos como lo hubiera hecho con documentos de la Edad Media, sin tener otro objetivo, ningún otro sesgo que el de la búsqueda de la verdad.

En resumen, mi conclusión fue esta: existe una semejanza entre la letra del bordereau y la letra del comandante Esterhazy, una similitud que llega hasta la identidad». (Haime, 1898, pp. 205-206)

La exposición del estudio y la conclusión de Giry fue escueta y clara:

«Señores, creo que todo se ha dicho, al menos todo lo más destacado; por lo tanto, una vez más, me limitaré a las conclusiones para acortar. Solo diré que hice la comparación en el conjunto y en el detalle; hice el análisis más cuidadoso, palabra por palabra, letra por letra, sílaba por sílaba; he comparado los signos accesorios de la escritura, puntuación, acentuación; y todo lo que he analizado he obtenido el mismo resultado, siempre llego a las mismas conclusiones, el bordereau fue escrito por Esterhazy. Estas

Arthur Giry

conclusiones, que había llegado a mí mismo, quería confirmar para su control por las observaciones de paleógrafos la mayoría de las personas ejercitadas mejor que yo; todos los que hicieron el examen llegaron a la misma opinión, podría nombrar a muchos, que ofrecían testimonio de Zola...» (Zola, 1898, T2, p. 102)

El 15 de febrero de 1898 interviene como perito en escrituras y científico, <u>Édouard Grimaux</u>, químico, farmacéutico, asociado honorario de la Facultad de Medicina de París, doctor en ciencias, profesor de la Escuela Politécnica. Realiza una exposición magistral digna de recordar:

«¿Por qué firmé esta protesta y tantas otras? Lo voy a decir. Pero primero necesito señalar este singular movimiento de tantos hombres de ciencia, tantos hombres de letras, artistas, estos hombres que no siguen los vaivenes de la política diaria y muchos de los cuales ni siquiera saben los nombres de los ministros.
Estos hombres han salido de sus laboratorios, de sus oficinas, de sus talleres, para hacer oír su voz,

Édouard Grimaux

porque comprenden que lo que está en juego es la Libertad y el honor de la Patria. Las dudas me asaltaron al principio; luego poco a poco, lentamente, progresivamente, examinando los documentos oficiales indiscutibles, mi convicción se ha hecho. En primer lugar, vi, sin ser grafólogo ni experto en caligrafía, que la letra del señor Esterhazy se confundía con la del bordereau. Los últimos informes de expertos me han dado la razón. Luego, examiné las acusaciones, las estudié minuciosamente, sopesé yo mismo su valor y saqué una conclusión. Esta conclusión es que nunca un hombre acostumbrado a razonar, nunca un magistrado, nunca un hombre de ciencia hubiera querido firmar tales documentos. Solo hay insinuaciones sin pruebas, chismes, informes de expertos contradictorios.

Un examen riguroso de estas piezas nos muestra que no tienen ningún valor sujeto a severas críticas, nada queda de ellas, ¡nada, nada!

Es que en efecto, señores, los hombres de ciencia tenemos otra manera de razonar. Cuando descubrimos un hecho, ¿creen que nos apresuramos a publicarlo? No, repetimos el experimento, verificamos las condiciones y solo cuando nuestra certeza está hecha, inquebrantable, publicamos el hecho. Porque debo decirles que en ciencia, unos pocos hechos nuevos no son nada; lo importante son las conclusiones generales que de ella sacamos.

¿Creen que en primer lugar vamos a presentar, como verdades, las hipótesis que sacamos de ella? No, las presentamos como hipótesis; decimos: Es probable que... y solo después de nuevas experiencias las proclamamos como ley. ¡Este es el

Édouard Grimaux

verdadero método científico! ¡Este es el método que faltaba en la acusación!.

Y luego mi convicción se volvió inquebrantable durante el juicio de Esterhazy. En primer lugar, el informe del comandante Ravary, que parece ser el de un amigo del imputado, más que el del Ministerio Público, este acto en el que acusa de falsificación, según el solo chisme de Esterhazy, y jóvenes oficiales, que son la esperanza del país; y, en este informe, todavía vemos esa cosa extraña que se dice que un documento secreto fue robado del Ministerio de la Guerra, que pasó por manos de una dama velada, en el Sagrado Corazón, que regresa a las manos del Sr. Esterhazy, y Sr. Ravary no se sorprende! Parece encontrar bastante natural este hecho.

¡Esta, señores, es una de las causas de mi convicción!, hay otras también. La singular forma en que condujo las diligencias este presidente, cuando ve al imputado avergonzado, impulsándolo con sus respuestas, y, finalmente, esta contradicción de los expertos!... Los primeros expertos que afirmaron que era de puño y letra de Dreyfus, se equivocaron groseramente y engañaron, con ellos, a siete oficiales, a los siete jueces que, en la lealtad de su Alma, condenaron a Dreyfus. Vuelven a decir que esta pieza es un calco de la escritura de Esterhazy, y el Sr. Ravary lo encuentra bastante natural, y no trata de averiguar quién pudo haber hecho este calco.

No quiero, señores, abusar de su paciencia, pero debo decirles que he hecho inquebrantable mi convicción, a pesar de las amenazas encubiertas y de los métodos de intimidación. Para todos nosotros, para todos los que firmaron conmigo, la revisión del juicio Dreyfus es esencial.

Queremos luz, toda la luz, aún más luz». (Zola, 1898, T1, pp. 575-576)

El sabio <u>Louis Havet</u>, Profesor del Colegio de Francia y de la Sorbona, latinista y helenista, Caballero de la Legión de honor, comienza su declaración así:

Louis Havet

«He examinado el bordereau *desde un punto de vista de la escritura y también desde otra visión que es conexa, en cuanto a los hábitos de ortografía y del mismo idioma, del francés escrito en el* bordereau...

Habría muchas otras cosas; pero estoy convencido de que no podía aportar a los Señores del jurado otra cosa que la repetición de los ejemplos que han oído y escucharán, y creo que lo único que puedo decir, con la convicción plena y sin reservas, que esta no es la escritura de Dreyfus, que es la escritura de Esterhazy. Para mí esto no cabe una sombra de duda. Llego al segundo punto: los hábitos de ortografía del autor del bordereau. *En esta materia, no podemos decir con absoluta certeza, de acuerdo con los hábitos de ortografía, que esta pieza está realizada por tal persona, porque dos personas diferentes pueden tener similares patrones de ortografía; Pero hay algo que puedes decir muy en serio. Sin alcanzar esta precisión: "Esta pieza no es de tal persona, porque sus hábitos de ortografía son diferentes"; o: "Esta pieza puede ser de tal persona, si también otras razones para darla, porque los patrones de ortografía son los mismos"».* (Zola, s/f, T1, p. 584)

De sumo interés la reflexión de Havet con estas palabras:

«El asunto Dreyfus se reabre en condiciones lamentables. Esta es la consecuencia de un error lógico por parte del ministro de Guerra.

Cuando el hermano del condenado denunciaba a una tercera persona como autor del bordereau, *el ministro podía elegir entre dos partes: negarse a seguir, invocando, por ejemplo, la razón de Estado, o consentir. Si se hubiera negado, el caso sin duda se habría reabierto a pesar de él; podría haber provocado una crisis y haberlo sacado del poder; pero, en todo caso, no podría haber vuelto la controversia sobre otros frentes.*

El ministro tomó la segunda. De esta manera él mismo reabrió el asunto. Decidir si el bordereau *era o no de otro, era reconocer que la culpabilidad de Dreyfus era objeto de examen, y arruinar cualquier objeción, como la razón de estado. El ministro no se dio cuenta de esto, ese es el error de lógica del que hablaba...*

No es solo la verdad y la justicia las que exigen revisión, también es la lógica, que exige que terminemos lo que hemos comenzado. Es también el honor del ejército que se defendió con palabras, pero, de hecho, la elección de una falsa posición lo expuso a las salpicaduras. La revisión es el verdadero remedio contra las denuncias ruidosas, contra las sospechas mudas y, es un punto que nuestros políticos olvidan demasiado, contra las severidades de Europa». (Haime, 1898, pp. 209-210)

El conservador del museo del Louvre <u>Émile Molinier</u>, archivista, paleógrafo, historiador, declara:

«Después de haber examinado el bordereau, *los comparé con los facsímiles que se publicaron en los diferentes periódicos y en los bocetos de Bernard Lazare. Para mí, la similitud es absolutamente completa entre la escritura del* bordereau *y la escritura del comandante Esterhazy. Incluso diría que si un académico, si un erudito, encontrara en un volumen de la Biblioteca Nacional, en uno de esos volúmenes que todos consultamos tan a menudo, adjunto a las cartas del comandante Esterhazy, el original del* bordereau, *sería, por así decirlo, descalificado si no dijera que el* bordereau *y la carta están escritos por la misma mano».* (Zola, s/f, T1, p. 553)

Émile Molinier

El doctor especial de derecho belga <u>Louis Frank</u>, laureado por la Escuela de Derecho de París, solicita una pizarra para exponer ante el jurado los análisis realizados y sus resultados, comienza así:

«Señores de la Corte, señores del jurado, antes de examinar ante ustedes y establecer claramente las características de identidad existente entre la escritura del bordereau *y la escritura del Sr. Esterhazy, tengo que indicar unos puntos extremadamente importantes para establecer que los errores en materia de escritura pueden ser frecuentes y pueden ser comprensibles en ciertos casos. Cuando, por ejemplo, estamos en presencia de una escritura disimulada o de una escritura imitada, es evidente, que, en tal caso,*

Louis Frank

el experto puede equivocarse, porque puede tomar las características naturales de la escritura, con las que constituyen en cierto modo los rasgos de imitación o los rasgos de asimilación.

Si, por ejemplo, si quiero disimular mi letra, si quiero escapar de la persecución, imitando la de otro, es obvio que la ocultaré de tal manera que el día que se descubra, ese día tendré que demostrar que no soy el autor de la falsificación, diré: "¡Pero, este escrito no es mío, ya que encuentras ahí elementos que no son de mi escritura! El error de los primeros peritos viene de que partieron de esto, que el autor del documento incriminado había disimulado su letra. Pero el bordereau *se escribe con naturalidad, espontaneidad, esta postura es unánime».* (Zola, s/f, T1, p. 559 y ss.)

Louis Frank publica en 1898 un extraordinario trabajo titulado *Le bordereau est d´Esterhazy*, donde analiza de forma exhaustiva auxiliado de numerosas ilustraciones la letra del documento cuestionado con la escritura genuina de Esterhazy y de Dreyfus. Se extraen unas líneas de sumo interés:

Louis Frank durante su ratificación en el proceso de Zola con el apoyo de una pizarra

«*Este famoso* bordereau *lleva en sí mismo la prueba moral de que la escritura es natural y espontánea, no simulada ni falsificada.*

De hecho, no está firmado. ¿Cómo podría el destinatario haber reconocido la procedencia y verificado la autenticidad de esta pieza? Para él, la escritura servía como firma. Cuando recibió el manuscrito, supo a primera vista de dónde provenían tanto la nota como los documentos del envío.

Escribiendo solo, sin firma, el Sr. de Schwartzkoppen pudo reconocer inmediatamente a su "hombre". Es por tanto cierto que el bordereau *es de una escritura natural y espontánea. Nuestro trabajo, por lo tanto, debe limitarse a investigar los rasgos fundamentales, esenciales y característicos de la escritura del* bordereau, *a mostrar las particularidades del trazo de la pluma y todos los modismos escriturales.*

Ahora bien, todos los rasgos característicos, todos los signos inconscientes y habituales del trazo de la pluma, todos los modismos escriturales que constituyen la extraña originalidad de la escritura incriminada, todos estos elementos típicos se encuentran en la escritura del comandante Esterhazy. El autor del bordereau *ni pensó ni trató de disimular su escritura, y no pudo haber pensado en ella. El trazo de la pluma, tan particular del comandante Esterhazy, se encuentra enteramente en el* bordereau, *sin ningún rastro de ocultación, sin sombra de alteración, con igual uniformidad y en absoluta concordancia*». (Frank, L., 1898, p. 4)

Muy crítico con el trabajo de Bertillon, escribe en su ensayo:
«*El antropometromaníaco Sr. Bertillon, este experto aparecerá a los ojos de cualquier hombre de sentido común como un malhechor miserable, mucho más peligroso que sus desafortunadas víctimas.*

Cuando el 18 de diciembre de 1897, presa de un desvergonzado remordimiento, El Sr. Bertillon escribió en la Revista científica que el primer deber de los peritos en caligrafía es recordar su ignorancia y empezar por desconfiar de sí mismos, tenía razón y demasiado tarde afirmó un dogma. Se habría encontrado más leal y correcta la actitud del señor Bertillon si, en lugar de dar consejos a los demás, hubiera predicado con el ejemplo». (Frank, L., 1898, p. 2)

El catedrático de derecho de la Universidad de Ginebra <u>Paul Moriaud</u> interviene en dos ocasiones diferentes, durante su deposición del segundo día resume lo expuesto el día anterior en estos términos:

«Dije ayer que cada una de las palabras del bordereau *se corresponden a la escritura del Sr. Esterhazy y no solo eso, sino que incluso cada una de estas palabras fue puesta en el lugar que ocupa por el propio Sr. Esterhazy. Incluso, teniendo cada una de ellas una forma se adapta a su lugar; y lo establecí comparando palabras semejantes entre sí, examinando la dirección de las líneas, mostrando que al final de las líneas la palabra tenía siempre una fisonomía particular, y por otros argumentos que es inútil repetir».* (Zola, s/f, T2, p. 87)

Paul Moriaud

El historiador y bibliotecario <u>Auguste Molinier</u>, profesor de la Escuela de Chartes, declara:

«Señores del jurado, durante 25 años he visto miles de manuscritos, han pasado entre mis manos miles de cartas, piezas de todas las épocas, desde los tiempos más antiguos hasta nuestros días.

A raíz de mis largos años de trabajo, he adquirido un método muy particular de observación, que terminó siendo un tanto especial, si bien que, a los signos casi imperceptibles para algunos, yo llego a reconocer la identidad de las escrituras, así como la fecha de manuscritos.

He aplicado este método personal, método que he cualificado absolutamente científico, al examen del bordereau *en cuestión y de las piezas de comparación…*

Para concluir, en buena conciencia, después de haber estudiado, no solamente el bordereau*, sino la escritura del comandante Esterhazy y todo lo que después he podido conseguir de sus escritos, creo que puedo decir con toda conciencia que son del mismo autor».* (Zola, 1898, T1, pp. 545-546)

<u>Célerier</u>. Profesor del Colegio de Fontenay-le-Conte, perito calígrafo. Testifica que tras haber examinado la escritura del *bordereau* y cotejado con la escritura genuina de Esterhazy, llega a la conclusión que han sido escritas por la misma mano.

<u>Amédée Bourmont</u>. Archivista, paleógrafo y experto en escrituras, manifiesta que jamás ha tenido en las manos el *bordereau* original, sus estudios los ha realizado con facsímiles. En su conclusión expone: *«Afirmo de la manera más fuerte que el facsímil del* bordereau *es la representación exacta de la escritura del comandante Esterhazy».*

De suma importancia resulta el escrito que firman los académicos Meyer, Giry y Molinier en el periódico *Siècle* el 22 de febrero de 1898 sobre el estudio del *bordereau* y sumamente interesante la contestación a las críticas de realizar el estudio a través de un facsímil publicado en el diario *Le Matin*.

«En esta opinión, en la que suponemos que su pensamiento puede haber sido mal interpretado, el Sr. de Lasteyrie nos habría reprochado haber olvidado, en nuestras declaraciones ante el Tribunal de lo Penal del Sena, "todas las tradiciones de la crítica en honor a la Escuela de Chartes" y por haber violado "una de las primeras reglas que enseñamos a nuestros alumnos", la de "recurrir siempre a los originales". Basta echar un vistazo a la taquigrafía de nuestras declaraciones para ver que expresamos pesar por no haber tenido a nuestra disposición el documento original sobre el cual se trataba la discusión. Pero el Sr. Lasteyrie sabe como nosotros que la existencia de los originales es un hecho excepcional y que la crítica no queda desarmada en su ausencia. ¿Cómo sería la historia si tuviéramos que renunciar a analizar todos los documentos cuyos originales han desaparecido? Por citar sólo un ejemplo, que el Sr. Lasteyrie sabe muy bien, honor de nuestra Escuela, pudo reconocer e interpretar una escritura del siglo X con unos facsímiles mediocres...

Del estudio que hemos hecho, de la información que hemos recogido, como los debates del proceso y los testimonios de personas autorizadas, resulta que el facsímil del bordereau *representa el documento original tan fielmente como muchas reproducciones de las cuales utilizamos comúnmente en los trabajos en la Escuela con fines didácticos. El general Pellieux había dicho, es cierto, en su deposición, que el facsímil "se parece mucho a una falsificación" pero tuvo que reconsiderar esta alegación y declarar que esta expresión se aplicó en su espíritu inexactamente, no a la reproducción publicada en 1896 por el periódico* le Matin, *pero a una publicación reciente del periódico* le Siècle, *en la que ingenuamente intercala dos líneas de la escritura del comandante Esterhazy entre las del* bordereau.*

Lejos de "desatender la preocupación" de examinar el original y de "juzgarlo inútil", nunca hemos cesado de exigir su producción o al menos un cliché fotográfico realizado directamente sobre el original.

A falta de este documento, que no estaba en nuestro poder obtenerlo, hicimos nuestro examen sobre el facsímil, pero con toda la cautela y las reservas necesarias y sin apartarnos de ninguna de las reglas de la crítica. Reconocimos que el original habría permitido ciertas observaciones que no era posible hacer en un facsímil, pero estimamos que este nos permitía juzgar la fisonomía general de la escritura y la forma de las letras, que era suficiente:

1º Para reconocer una escritura corriente, natural, pura y en consecuencia para excluir toda posibilidad de un calco por palabras reportadas.

2º Para identificar esta escritura con la del comandante Esterhazy que hemos estudiado facsímiles cincográficos y fotografías directas de los originales.

No tenemos ninguna duda, Sr. director, de que publicará esta carta, y le pedimos que acepte la seguridad de nuestros distinguidos sentimientos». (Haime, 1898, pp. 185-187)

El 17 de febrero de 1898, declara el Dr. Jules He-ricourt, jefe adjunto del laboratorio de fisiología de la Facultad de Medicina, redactor jefe de la *Revista científica*. Muy sugerente la exposición del mecanismo del acto de escribir ante al Tribunal:

Jules Hericourt

«Me veo obligado a explicar la competencia de un fisiólogo en materia de escrituras, pero esto nos lleva al corazón mismo de la cuestión. Y bien, los movimientos de la mano que tienen una pluma no son de naturaleza diferente a los demás movimientos en general; son la consecuencia de una contracción muscular que está provocada por una excitación nerviosa, lo cual está directamente relacionado con el trabajo del cerebro, con la función donde se desarrollan las ideas, donde nacen los sentimientos, de donde parte la voluntad. Pero estos movimientos musculares están sujetos a las leyes generales comunes a todas las otras de la misma especie; también están sujetos a variaciones que están relacionadas con la calidad misma de este trabajo cerebral y que constituyen la personalidad del individuo. Y estas leyes generales, como estas variaciones funcionales del sistema nervioso, nervios, músculos, este es el dominio mismo de la fisiología. Con la fisiología del sistema nervioso y del sistema muscular y he aquí por qué un fisiólogo puede ser competente en materia de escritura.

En el curso de mi carrera de fisiología, me ocupé en varias ocasiones de relacionar el mecanismo gráfico con la personalidad y, entre los trabajos que he realizado, debo citarle una clasificación que he introducido en los grafismos, una división de escrituras en escritos dextrógiros y en escrituras sinistrógiras...

Estas palabras corresponden a cosas extremadamente simples: son formas especiales de letras, que, en ciertos casos, dirigen las curvas de una forma sistemática hacia la derecha y, en otros casos, sistemáticamente hacia la izquierda.

Decir que una persona cuya escritura es dextrógira o sinistrógira, poco importa, pero en disimulando su escritura, la transformación de una escritura en un sentido contrario, afirmo que se altera su escritura, porque sus características funcionales son del sistema nervioso y de su personalidad y cambias su alma...

Les diré solamente las conclusiones de este estudio y la profunda convicción que ha producido en mí. Bien, señores, esta conclusión y esta convicción, es que la escritura del bordereau es exactamente, en todos los puntos, la misma que la letra de Esterhazy». (Zola, s/f, T2, pp. 104-105)

Crépieux-Jamin habla sobre la importancia de la investigación de la fisiología de la escritura que ha desarrollado el Dr. Hericourt, dice así:

«El eminente fisiólogo muestra que la escritura corriente es un acto automático de la misma naturaleza que el caminar. Está formada por trazos más o menos finos o gruesos, más o menos relacionados según la personalidad del escritor; estas condiciones están en íntima relación con las características individuales del mecanismo íntimo de los centros nerviosos». (Crépieux-Jamin, 1935, p. 41)

LE MONDE ILLUSTRÉ

ABONNEMENT POUR PARIS ET LES DEPARTEMENTS
a an, 24 fr. ; — Six mois, 13 fr. ; — Trois mois, 7 fr. ; — Un numéro 50 c.
Le volume semestriel, 12 fr. broché. — 17 fr. relié et doré sur tranche.
ÉTRANGER (Union postale) : 2a an, 27 fr. ; — Six mois, 14 fr. ; — Trois mois, 7 fr. 50.

42e Année — N° 2133 — 12 Février 1898

Directeur : M. ÉDOUARD DESFOSSÉS

DIRECTION ET ADMINISTRATION, 13, QUAI VOLTAIRE
Toute demande d'abonnement non accompagnée d'un bon sur Paris ou sur
poste. Toute demande de numéro à laquelle ne sera pas joint le montant
en timbres-poste, seront considérées comme non avenues. — On ne répond
pas des manuscrits et des dessins envoyés.

M. Zola.   Me Labori.   M. Perroux.   M. Vaughan.

A LA COUR D'ASSISES. — LE PROCÈS ZOLA. — Me Labori développant ses conclusions. — (Dessin d'après nature de M. L. Malteste.)

El abogado Fernand Labori expone sus conclusiones en el proceso Zola

Onzième année. — N° 7.   ÉDITION D'AMATEUR   Dimanche 13 Février 1898.

L'Illustré
SOLEIL DU DIMANCHE

M. ÉMILE ZOLA DEVANT LA COUR D'ASSISES

D'après un croquis pris à l'audience, par M. René CHOQUET.

Émile Zola testifica ante el Tribunal

THE GRAPHIC

AN ILLUSTRATED WEEKLY NEWSPAPER

—Vol. LVII. as a Newspaper · SATURDAY, FEBRUARY 12, 1898 · WITH EXTRA SUPPLEMENT "Rembrandt's Wife" · PRICE By

El abogado Labori junto a Zola y Clémenceau, solicita al Tribunal: «*Nosotros queremos la luz, toda la luz*»

Neuvième année. — N° 374.   Huit pages : CINQ centimes.   Dimanche 13 Février 1898.

LE PROGRÈS ILLUSTRÉ

Léon DELAROCHE Fondateur   Supplément littéraire du « PROGRÈS DE LYON »   *Léon DELAROCHE Fondateur*

ABONNEMENTS			ADMINISTRATION ET RÉDACTION	LES ANNONCES
	SIX MOIS	UN AN	85, Rue de la République, 85	sont reçues directement aux Bureaux du Journal
yen, Rhône et limitrophes	2f »	3f 50	ADRESSER LES CORRESPONDANCES ET ABONNEMENTS	ET DANS TOUTES LES AGENCES DE PUBLICITÉ
ces de ces départements	2f 50	4f 50	à M. L'ADMINISTRATEUR	De France et de l'Étranger

LE PROCÈS ZOLA DEVANT LA COUR D'ASSISES DE LA SEINE

L'ILLUSTRATION

Prix du Numéro : 75 centimes. SAMEDI 19 FÉVRIER 1898 *56ᵉ Année — Nᵒ 2869*

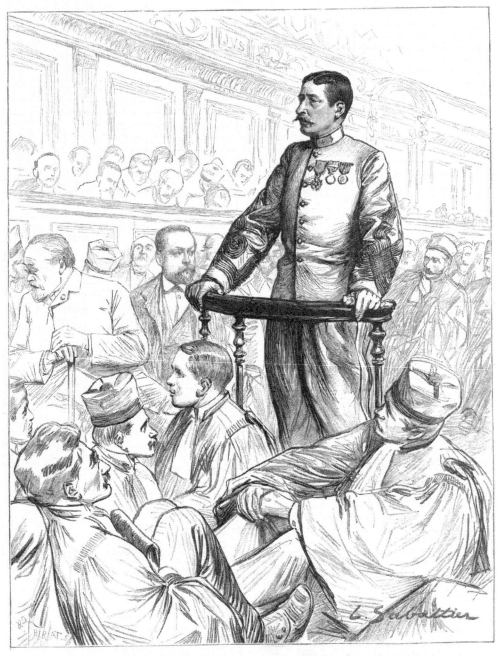

LE PROCÈS ÉMILE ZOLA. — Le lieutenant-colonel Picquart.

El teniente coronel Georg Picquart testifica ante el Tribunal en el proceso a Zola sobre el descubrimiento del *petit bleu* y su sorpresa al no existir ninguna evidencia contra Dreyfus en el «dosier secreto» de 1894

LE MONDE ILLUSTRÉ

JOURNAL HEBDOMADAIRE

ABONNEMENT POUR PARIS ET LES DEPARTEMENTS
n. 24 fr.; — Six mois, 13 fr.; — Trois mois, 7 fr.; — Un numéro 50 c.
.e volume semestriel, 12 fr. broché, — 17 fr. relié et doré sur tranche.
.NGER (Tous pays) : 8 an. 27 fr.; — Six mois, 14 fr.; — Trois soit. 7 fr. 50.

42° Année — N° 2134 — 19 Février 1898

Directeur : M. ÉDOUARD DESFOSSÉS

DIRECTION ET ADMINISTRATION, 13, QUAI VOLTAI
Toute demande d'abonnement non accompagnée d'un bon sur Paris ou
poste, toute demande de numéro à laquelle ne sera pas joint le n
en timbres-poste, seront considérées comme non avenues. — On ne
pas des manuscrits et des dessins envoyés.

Picquart declara ante el Tribunal en el proceso a Zola

Le Petit Journal

Le Petit Journal
CHAQUE JOUR 5 CENTIMES
Le Supplément illustré
CHAQUE SEMAINE 5 CENTIMES

SUPPLÉMENT ILLUSTRÉ
Huit pages : CINQ centimes

ABONNEMENTS

SEINE ET SEINE-ET-OISE... 2 fr. 3 fr. 50
DÉPARTEMENTS .... 2 fr. 4 fr.
ÉTRANGER .... 2 50 5 fr.

Neuvième année   DIMANCHE 27 FÉVRIER 1898   Numéro 38

El 12 de febrero de 1898 se produce durante la sexta audiencia una dura disputa: Henry acusa a Picquart de mentir y fabricar falsos documentos para incriminar a Esterhazy; Picquart se siente deshonrado y reta a Henry a un duelo de espadas que se celebra el 5 de marzo de 1898

Le Petit Journal

Le Petit Journal
CHAQUE JOUR 5 CENTIMES

Le Supplément illustré
CHAQUE SEMAINE 5 CENTIMES

SUPPLÉMENT ILLUSTRÉ
Huit pages : CINQ centimes

ABONNEMENTS

SEINE ET SEINE-ET-OISE   2 fr.   3 fr. 50
DÉPARTEMENTS   2 fr.   4 fr.
ÉTRANGER   2 50   5 fr.

Neuvième année   DIMANCHE 20 FÉVRIER 1898   Numéro 379

L'AFFAIRE ZOLA
Zola au Palais de Justice
La policía detiene los ataques de la multitud contra Zola a su llegada al palacio de justicia

Dixième année. — N° 472.   Huit pages : CINQ centimes   Dimanche 20 Février 1898.

Le Petit Parisien

TOUS LES JOURS
Le Petit Parisien
5 CENTIMES

SUPPLÉMENT LITTÉRAIRE ILLUSTRÉ
DIRECTION: 18, rue d'Enghien, PARIS

TOUS LES JEUDIS
SUPPLÉMENT LITTÉRAIRE
5 CENTIMES

LE PROCÈS DE M. ÉMILE ZOLA
LES OFFICIERS ACCLAMÉS A LEUR SORTIE DU PALAIS-DE-JUSTICE

Los oficiales vitoreados por la multitud al salir del palacio de justicia con gritos de ¡Viva el ejército!

Ovación y aplausos ante la llegada del ejército (foto superior); frente a disturbios y amenazas de la muchedumbre con la llegada de Zola a la Audiencia (foto inferior)

Le Petit Journal

Le Petit Journal
CHAQUE JOUR 5 CENTIMES
Le Supplément illustré
CHAQUE SEMAINE 5 CENTIMES

SUPPLÉMENT ILLUSTRÉ
Huit pages : CINQ centimes

ABONNEMENTS

	SIX MOIS	UN AN
SEINE ET SEINE-ET-OISE	2 fr.	3 fr. 50
DÉPARTEMENTS	2 fr.	4 fr.
ÉTRANGER	2 50	5 fr.

Neuvième année · DIMANCHE 6 MARS 1898 · Numéro 381

L'AFFAIRE ZOLA
Le Réquisitoire

La requisitoria contra Zola del abogado general Van Cassel

Zola en pie ante el Tribunal

El 21 de febrero de 1898 al finalizar la requisitoria el abogado general Van Cassel, Zola pronuncia su discurso final ante el jurado, se extraen estas palabras:

«Simplemente queríamos decirles a aquellos que saben toda la verdad que nosotros también la sabemos.

Esta verdad corre por las embajadas, mañana será conocida por todos. Y, si nos es imposible ir ahora mismo a buscarla donde está, protegidos por formalidades insuperables, el gobierno que nada ignora, el gobierno que está convencido como nosotros de la inocencia de Dreyfus (fuertes protestas), podrá, cuando quiera, y sin riesgo, encontrar los testigos que finalmente arrojarán luz.

¡Dreyfus es inocente, lo juro! Le entrego mi vida, le entrego mi honor. En esta hora solemne, ante este tribunal que representa la justicia humana, ante vosotros, señores del jurado, que sois la encarnación misma de toda Francia, ante el mundo entero, ¡juro que Dreyfus es inocente! Y, por mis cuarenta años de trabajo, por la autoridad que este trabajo podría haberme dado, ¡juro que Dreyfus es inocente! Y, por todo lo que he conquistado, por el nombre que me he hecho, por mis obras que han contribuido a la expansión de las letras francesas, ¡juro que Dreyfus es inocente! ¡Que todo eso se derrumbe, que perezcan mis obras, si Dreyfus no es inocente! ¡Él es inocente!

Todo parece estar en mi contra: las dos Cámaras, el poder civil, el poder militar, los periódicos de gran tirada, la opinión pública a la que han envenenado. Y tengo para mí solo la idea, un ideal de verdad y justicia. Y estoy muy tranquilo, voy a ganar. No quería que mi país siguiera en la mentira y la injusticia. Puedes pegarme aquí. Un día, Francia me agradecerá haber ayudado a salvar su honor». (Zola, s/f, p. 242)

Alegato de Labori que reclama al Tribunal, como jueces del pueblo: Libertad, justicia y verdad

El 23 de febrero de 1898, el abogado Labori pronuncia su alegato:
«Una sola cosa tenéis que decir, únicamente, como árbitros soberanos que sois, puestos hoy por encima de todos, por encima del ejército, por encima de la justicia ordinaria, porque sois la justicia del pueblo que, en un momento, (señalando la sala de deliberaciones del jurado) allá arriba, ¡rinda un juicio histórico! ¡Eres soberano! ¡Di, si tienes valor, que este hombre es culpable de haber luchado contra todas las pasiones, contra todo odio, contra toda ira, por la justicia, por los derechos y por la libertad!.» (Zola, s/f, 462)

La deliberación del jurado dura treinta y cinco minutos. A las siete en punto se reanuda la audiencia. El presidente del jurado se levanta y pronuncia el veredicto: *«Sobre mi honor y mi conciencia, la declaración del jurado es: En lo que respecta a Perrenx, culpable, por mayoría. En lo que a Zola se refiere, culpable, por mayoría. El jurado está deliberando sobre la cuestión de las circunstancias atenuantes»*. En la parte posterior de la audiencia, los vítores se escuchan nuevamente. Emile Zola, aludiendo a estas aclamaciones, exclama: «¡Son caníbales!».

El Presidente lee la sentencia del Tribunal:
«El Sr. Perrenz, gerente de L´Aurore, es condenado a cuatro meses de prisión y 3 000 francos multa. El Sr. Emile Zola es condenado a un año de prisión y a una multa de 3 000 francos».

THE GRAPHIC

AN ILLUSTRATED WEEKLY NEWSPAPER

1475—Vol. LVII.
ered as a Newspaper

SATURDAY, MARCH 5, 1898

WITH EXTRA EIGHT-PAGE SUPPLEMENT
"War and Pestilence in India"

PRICE SI
By Post

DRAWN BY J. DA COSTA   Maître Labori   M. Zola   FROM A SKETCH BY MALTESTE

At the close of the sitting on Shrove Tuesday, when Maître Labori had given utterance to a more than usually eloquent passage causing even his opponents to applaud, M. Zola embraced his counsel

THE TRIAL OF M. ZOLA: AT THE CONCLUSION OF THE FOURTEENTH DAY

Émile Zola abraza a su abogado Labori tras escuchar la sentencia con gesto abatido y de impotencia

153

L'AFFAIRE ZOLA

Alegría de los antidreyfusistas y antisemitas por la sentencia condenatoria a Zola, con gritos de júbilo «¡Viva Francia! ¡Viva el ejército!»

L'AFFAIRE ZOLA
LE VERDICT
Los antidreyfusistas celebran el veredicto del Tribunal de condena a Zola y el triunfo del ejército francés

El 5 de febrero de 1898 nace en París un periódico satírico del ilustrador Louis Forain y del dibujante Caran d´Ache que contiene caricaturas y dibujos de fuerte ideología antisemita y antidreyfusista con el título *Psst...!,* este semanario aparece como réplica a la publicación del «J´Accuse...!» de Zola, dicho título mantiene irónicamente los tres puntos consecutivos seguido del signo de admiración; una expresión sarcástica de estar en silencio o mantenerse callado, responde así al «Yo Acuso», advierte que es mejor estar mudo, o de lo contrario, las consecuencias pueden resultar fatales.

Este periódico pretende atacar y ridiculizar a los defensores de Dreyfus y los personifica como instrumentos de un complot organizado contra Francia y su ejército por los judíos y alemanes. El último número sale el 16 de septiembre de 1899, se publican 85 semanarios.

Doce días después de la publicación del periódico antisemita *Psst...!,* el 17 de febrero de 1898 aparece en París, un nuevo semanario satírico como respuesta de los dreyfusard, con el título *Le Sifflet* (El silbato), expresa lo opuesto al silencio. Cuenta con los dibujantes e ilustradores H. G. Ibels, Couturier y Louis Chevalier

Busca una forma de combatir y contraatacar a los antisemitas, mantiene un formato similar a su competidor, arremete contra los oficiales del Estado Mayor que intervinieron en los juicios de Dreyfus y Zola, y especialmente, contra Esterhazy como autor indiscutible del *bordereau*.

La población francesa mantiene una fuerte ideología antisemita y no ve con buenos ojos este semanario, critica y amenaza a los libreros y vendedores, por lo que no logra el éxito deseado, con 130 suscriptores en 1898 y menos de 100 al año siguiente, tiene que cerrar con 72 números, el último se publica el 16 de junio de 1899.

Ilustración del dibujante Couturier en el periódico *Le Sifflet* de fecha 9 de junio de 1899, con el título «¿Quieres una confesión?» Aquí está; donde aparecen los personajes más destacados antidreyfusistas: Henry, Esterhazy, du Paty de Clam y los generales Pellieux, Mercier, Billot, Zurlinden, Chanoine, Gonse, Boisdeffre…

1898. La Liga de los derechos humanos

A finales de febrero de 1898, el abogado y político Ludovic Trarieux se reúne con un grupo de intelectuales, entre los que destacan profesores de prestigiosas instituciones académicas, les propone fundar la *Liga de los derechos humanos y del ciudadano*, una asociación cuyo objetivo es observar, defender y promulgar los derechos humanos dentro de la República Francesa en todas las esferas de la vida pública. Tomando partido en la lucha por el reconocimiento de la inocencia de Alfred Dreyfus, la Liga se moviliza para sensibilizar a la opinión pública.

Ludovic Trarieux

El 4 de junio de 1898 se convoca por primera vez la asamblea, entre sus miembros se encuentra Trarieux en calidad de presidente; los principales defensores de Dreyfus como los políticos Joseph Reinach, Francis de Pressensé, Ferdinand Buisson, el senador Scheurer-Kestner y un notable número de eminentes profesores como Victor Basch, Émile Duclaux y otros eruditos que han actuado como peritos en escrituras declarando que el *bordereau* no es de Dreyfus sino que ha sido escrito por Esterhazy, entre los que destacan Edouard Grimaux, Gabriel Monod, Arthur Giry, Louis Havet y Paul Meyer.

Objeto:
«Se ha creado una asociación francesa para defender los principios establecidos en las Declaraciones de los Derechos Humanos de 1789 y 1793... El texto del artículo 1 dice: 'Los hombres nacen y permanecen libres e iguales en derechos'.
Trabaja para aplicar convenios y pactos internacionales y regionales sobre el derecho de asilo, derecho civil, político, económico, social y cultural.
Lucha contra la injusticia, la ilegalidad, la arbitrariedad, la intolerancia, todas las formas de racismo y discriminación por razón de sexo, orientación sexual, costumbres, estado de salud o discapacidad, opiniones políticas, filosóficas y religiosas, nacionalidad y, en general, cualquier atentado contra el principio fundamental de igualdad entre los seres humanos, toda violencia y toda mutilación sexual, toda tortura, todo crimen de guerra, todo genocidio, y todos los crímenes de lesa humanidad».

El 14 de julio de 1898 se publica en el periódico *Siècle* un llamamiento de la Liga para la defensa de los derechos humanos y ciudadanos, firmado por todos sus miembros, que dice así:

«La Liga para la Defensa de los Derechos Humanos y Ciudadanos estaría fracasando en su tarea si no protestara, en nombre de la justicia y la ley, contra la detención del coronel Picquart.
Es un principio fundamental del derecho penal que un ciudadano no puede ser procesado dos veces por el mismo motivo. Este principio se ha violado de la manera más expresa por los procesos que se han seguido a petición del ministro de Guerra una y otra vez contra el coronel Picquart para responder por hechos de los cuales, fue puesto en reforma en el mes de febrero, ante un consejo de investigación...
Se han realizado allanamientos ilegales en el domicilio del coronel Picquart, sin su presencia.
Fue detenido y encarcelado sin ninguna razón ni justificación para cometer tal ataque a su libertad.
¿Es la justicia la que ha motivado este retorno tardío a una cosa ya juzgada? Estas son obviamente solo razones políticas.
El coronel Picquart es víctima de estos golpes redoblados solo porque escribió una carta irreprochable en sus términos, pero que cometió el error de entrar en contradicción con un discurso que no se permite discutir...». (Haime, 1898, p. 338)

El 2 de agosto se presenta al parlamento la siguiente petición:

«Señores Senadores, señores Diputados.
Hay un caso Dreyfus. El parlamento lo proclama, la prensa lo publica, las calles reflejan las discusiones de las que es objeto y, en el hogar familiar se evita hablar de él, obsesiona las mentes y tortura los corazones. Es el punto de partida de una agitación malsana, que paraliza los negocios amenazando el orden en las calles y sembrando la división en el país.
El caso Dreyfus está en todas partes, excepto donde debería estar en el Palacio de Justicia. Con razón hemos dicho: esto debe parar; "esto" solo puede ser frenado por ley. La ley es el recurso supremo; es la ley ante la cual todo se inclina, es el derecho, es la justicia, es la fuerza y la seguridad de un pueblo libre.
Antes del discurso del Sr Cavaignac, ministro de Guerra, se podía creer que la sentencia que condenaba a Dreyfus había sido dictada legalmente... Se basó únicamente en documentos secretos desconocidos para el defensor y el acusado; ni siquiera alude al bordereau, *que es sin embargo el único fundamento oficial de la acusación; fueron las exhibiciones secretas las que provocaron la condena.*
Por lo tanto, Dreyfus fue condenado ilegalmente. aunque su deber militar, los oficiales que son hombres después de todo, y por lo tanto falibles, condenaron a un oficial francés fuera de las garantías legales». (Haime, 1898, pp. 340-341)

1898. Duelo Picquart – Henry y otros sucesos

Neuviéme annéc. — N° 378.   Huit pages : CINQ centimes.   Dimanche 13 Mars 1898.

LE PROGRÈS ILLUSTRÉ

Léon DELAROCHE Fondateur   Supplément littéraire du « PROGRÈS DE LYON »   *Léon DELAROCHE Fondateur*

ABONNEMENTS	ADMINISTRATION ET RÉDACTION	LES ANNONCES
	85, Rue de la République, 85	sont reçues directement aux Bureaux du Journal
Lyon, Rhône et limitrophes . . . . . 2f » 3f 50	ADRESSER LES CORRESPONDANCES ET ABONNEMENTS	ET DANS TOUTES LES AGENCES DE PUBLICITÉ
Hors de ces départements 2f 50 4f 50	à M. L'ADMINISTRATEUR	De France et de l'Étranger

El 5 de marzo de 1898 tiene lugar el duelo de espadas entre Picquart y Henry en la armería de la Escuela Militar como consecuencia de la disputa durante el juicio de Zola (12 de febrero), Henry acusa a Picquart de tramar un complot a favor de Dreyfus. Henry pierde y resulta levemente herido en su brazo derecho

En el siglo XIX los duelos eran una práctica común, llegan a jugar un papel muy importante en la política durante la Tercera República. No solo se enfrentan los jóvenes apasionados, sino que afecta a toda la élite del país, periodistas, escritores o políticos, llega incluso al pico más alto de la sociedad.

El duelo entra en una costumbre, se materializa en una especie de institución propia de la nobleza y la burguesía francesa du-

Duelo entre Clemenceau y Déroulède (1892)

rante la Belle Époque, estos combates cuentan con la benevolencia de las autoridades. Se convierte en prerrogativa de parlamentarios y periodistas, en busca de legitimidad; por ejemplo durante el duelo entre los políticos Georges Clemenceau y Paul Déroulède, los gendarmes están presentes, no para arrestar a los combatientes, sino para contener a la multitud de espectadores.

La moda y la presión social explica estos comportamientos. El «caballero que no pelea» se convierte en un cobarde inaccesible, y ese miedo a la exclusión de la sociedad, a la ruina de una reputación, hace, en buena parte, aceptar una pelea donde está en juego su vida. La frase del filósofo Pierre Nicole en sus *Ensayos morales* sigue siendo de actualidad: «¡Cuántos se batirían a duelo deplorando y condenando esta miserable costumbre y culpándose de seguirla!».

El caso Dreyfus provoca más de 300 disputas entre antisemitas y dreyfusistas que terminan en duelo de espadas o pistolas, siendo los más frecuentes entre periodistas, políticos, escritores o militares. Uno de los más destacados es el duelo entre Picquart y Henry que comienza con una disputa en la declaración del juicio de Zola.

1898 es un año crítico, se celebran más de un centenar de duelos, destaca el 25 de enero en el que se enfrentan con pistolas el antisemita Pierre Lefévre y el dreyfusista André Vevoort, directores de los periódicos *Rappel* y *Jour*; el 16 de febrero, duelo a pistolas entre un redactor de la *Petite République*, Albert Goullé y el director de *Paris Servanine*; el 26 de febrero combate de pistolas entre el periodista antisemita Drumont, director de *La Libre Parole* y el político Georges Clemenceau (reconocido duelista); el 5 de marzo Picquart contra Henry con espadas; el 16 de marzo el antisemitista y alcalde de la Argelia Francesa, Max Regis, contra un capitán; el 27 de mayo se enfrentan a espadas entre los periodistas y políticos Gérault-Richard y Henri Rochefort, antisemita conocido como «el hombre de los veinte duelos», resulta herido Rochefort; el 19 de julio duelo con pistolas del periodista antisemita, Jules Guerin y el periodista dreyfusard Henri de Bruchard, muy activo en la defensa de los Derechos Humanos, defendió a Yves Guyot cuando fue atacado por una banda de antisemitas dirigida por Guerin; el 16 de octubre duelo de espadas entre los escritores, el anarquista Laurent Taihade y el antisemita Maurice Barrès, resulta herido Taihade.

Le Petit Journal

Le Petit Journal
CHAQUE JOUR 5 CENTIMES

Le Supplément illustré
CHAQUE SEMAINE 5 CENTIMES

SUPPLÉMENT ILLUSTRÉ
Huit pages : CINQ centimes

ABONNEMENTS

	SEINE	US AN
SEINE ET SEINE-ET-OISE	2 fr.	3 fr. 50
DÉPARTEMENTS	2 fr.	4 fr.
ÉTRANGER	2 50	5 fr.

Neuvième année   DIMANCHE 20 MARS 1898   Numéro

El duelo concluye con la victoria de Picquart, Henry resulta herido en su brazo derecho

Le Petit Journal

Le Petit Journal
CHAQUE JOUR 5 CENTIMES
Le Supplément illustré
CHAQUE SEMAINE 5 CENTIMES

SUPPLÉMENT ILLUSTRÉ
Huit pages : CINQ centimes

ABONNEMENTS

SEINE ET SEINE-ET-OISE
DÉPARTEMENTS
ÉTRANGER

Neuvième année — DIMANCHE 17 AVRIL 1898 — Numéro 387

M. LOEW
Président

M. MANAU
Procureur général

M. CHAMBAREAUD
Rapporteur

AFFAIRE ZOLA. — La Cour de cassation

El Tribunal de Casación estudia el recurso presentado por el abogado Labori del juicio de Zola

L'ILLUSTRATION

Prix du numéro : 75 centimes.   SAMEDI 28 MAI 1898   *56ᵉ Année — Nᵒ 2883*

L'arrivée en automobile de MM Zola, Labori, G. Clemenceau, etc.

LE PROCÈS ZOLA. — La salle de la Cour d'assises de Versailles, pendant l'audience. — (Voir l'article, page 396.)

Zola llega en vehículo junto con su abogado Labori y su amigo Clemenceau a la Corte de Versalles

Le Petit Journal

Le Petit Journal
CHAQUE JOUR 5 CENTIMES
Le Supplément illustré
CHAQUE SEMAINE 5 CENTIMES

SUPPLÉMENT ILLUSTRÉ
Huit pages : CINQ centimes

ABONNEMENTS

	SIX MOIS	UN AN
SEINE ET SEINE-ET-OISE	2 fr.	3 fr. 50
DÉPARTEMENTS	2 fr.	4 fr.
ÉTRANGER	2.50	5 fr.

Neuvième année   DIMANCHE 17 JUILLET 1898   Numéro 400

INCIDENT ESTERHAZY-PICQUART

El 3 de julio de 1898 Esterhazy se encuentra con Picquart en la avenida Víctor Hugo, corre hacia él y le ataca con su bastón, Picquart al verse asaltado repele la agresión y se defiende con el suyo

1898. Arresto a Picquart y otros hechos

Dixième année. — N° 494.

Huit pages : CINQ centimes

Dimanche 24 Juillet 1898.

Le Petit Parisien

TOUS LES JOURS
Le Petit Parisien
5 CENTIMES.

SUPPLÉMENT LITTÉRAIRE ILLUSTRÉ

DIRECTION: 18, rue d'Enghien, PARIS

TOUS LES JEUDIS
SUPPLÉMENT LITTÉRAIRE
5 CENTIMES.

El 12 de julio de 1898 el ministro de Guerra Cavaignac presenta denuncia contra Picquart, al día siguiente, Picquart es detenido en el despacho del juez Fabre y encarcelado en la prisión de La Santé

Arrestation du lieutenant-colonel Picquart

El 13 de julio de 1898 Picquart es arrestado y encarcelado acusado de crear pruebas falsas contra Esterhazy

Le Petit Journal

Le Petit Journal
CHAQUE JOUR 5 CENTIMES

Le Supplément illustré
CHAQUE SEMAINE 5 CENTIMES

SUPPLÉMENT ILLUSTRÉ
Huit pages : CINQ centimes

ABONNEMENTS

SEINE ET SEINE-ET-OISE 2 fr. 3 fr. 50
DÉPARTEMENTS 2 fr. 4 fr.
ÉTRANGER 2 50 5 fr.

Neuvième année   DIMANCHE 31 JUILLET 1898   Numéro 402

LE PROCÈS ZOLA A VERSAILLES
Départ de Zola

Zola huye el 18 de julio de 1898 a Londres antes de recibir la notificación oficial de su reclusión

Le Petit Journal

Le Petit Journal
CHAQUE JOUR 5 CENTIMES

Le Supplément illustré
CHAQUE SEMAINE 5 CENTIMES,

SUPPLÉMENT ILLUSTRÉ

Huit pages : CINQ centimes

ABONNEMENTS

	SIX MOIS	UN AN
SEINE ET SEINE-ET-OISE	2 fr.	3 fr. 50
DÉPARTEMENTS	2 fr.	4 fr.
ÉTRANGER	2 50	5 fr.

Neuvième année   DIMANCHE 7 AOUT 1898   Numéro 403

AFFAIRE ZOLA
La signification de l'arrêt

Intento de entregar a Zola la citación para presentarse a cumplir condena

1898. Confesión de falsedad y suicidio del coronel Henry

El 13 de agosto de 1898 el capitán de infantería Cuignet, revisa cuidadosamente el contenido del «dosier secreto» y descubre que salvo el *bordereau,* el único documento condenatorio contra Dreyfus es una carta del agregado militar de la embajada italiana Panizzardi a su homólogo alemán Schwartzkoppen. Al examinarla observa irregularidades y notables anomalías; está formada por dos hojas que difieren ligeramente en el color de su cuadrícula: parte de color gris azulado, parte de tono malva. Deduce de ello que el documento fue ensamblado a partir de dos cartas separadas y que su texto se había insertado entre el título y la firma, por lo tanto, se trata de una falsificación.

Cuignet avisa de su descubrimiento al general Roget y al ministro Cavaignac.

El historiador inglés George R. Whyte, en su minucioso trabajo explica la creación del falso Henry:

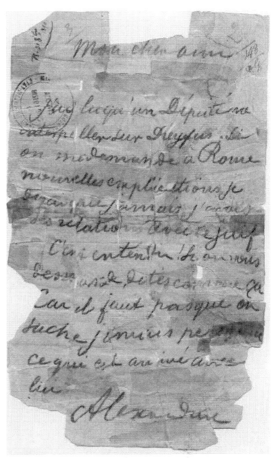

Falso Henry

«*Henry fabrica una carta que se conocerá como el falso Henry. Utiliza cartas interceptadas por la Sección de Estadística a través de la 'ruta normal'. La primera es una carta escrita con lápiz azul sobre papel cuadriculado, enviada por Panizzardi a Schwartzkoppen en la segunda quincena de junio de 1896. Dice: 'Mi querido amigo. Aquí está el manual, por el cual pagué (180 [francos]), según lo acordado. Se espera para el miércoles a las 20:00 horas en casa de Laurent. He invitado a tres hombres de la embajada, uno es judío. No dejes de aparecer. Alejandrino. Henry es anterior a esta carta del 14 de junio de 1894 para permitir que se relacione con Dreyfus, quien fue arrestado en octubre de 1894. Luego toma una nueva hoja de papel cuadriculado, similar al que normalmente usa Panizzardi, y la rasga para que parezca que ha llegado por la "ruta normal". En ella, escribe con lápiz azul, imitando la letra y el estilo de Panizzardi: "He leído que un diputado pretende plantear el caso Dreyfus en la Cámara. Si se le pide a Roma nuevas explicaciones, diré que nunca he tenido tratos con este judío. Está de acuerdo. Si te preguntan, di lo mismo, nadie debe saber nunca que pasó con él.*

Henry elimina de la primera carta el título 'Mi querido amigo' y la firma 'Alexandrine' y los adjunta a la parte superior e inferior de la carta falsificada con cinta transparente adhesiva. La fecha en septiembre de 1896. Finalmente, para reconstituir la primera carta, reemplaza las secciones superior e inferior que había recortado con otro encabezamiento y firma probablemente tomados de una tercera y sin importancia carta de Panizzardi que tenía en sus archivos. Destruye el resto de esta tercera carta. Henry muestra el documento falsificado a Gonse y Boisdeffre, dando a entender que había llegado por la "ruta normal". Gonse y Boisdeffre se lo llevan a Billot. (Whyte, 2008, pp. 85 y ss.)

El historiador inglés explica en sus notas los graves errores que comete Henry en la fabricación del documento fraudulento:

«Henry cometió tres errores fatales en esta falsificación: 1º No había notado que el color del papel cuadriculado de la primera letra (de 1896) era diferente del color del papel cuadriculado nuevo que usó para la falsificación; 2º que el tamaño de los cuadrados no era el mismo en los dos papeles; 3º que en el momento de la primera carta (1896), trabajaban tres empleados judíos en la embajada italiana, pero no había ninguno en la fecha que él atribuye la carta (junio de 1894)». (Whyte, 2008, nota 64, pp. 103-104)

El 30 de agosto de 1898 el ministro de Guerra Cavaignac, cita en su oficina a Henry para interrogarlo a presencia de los generales Boisdeffre, Gonse y Roget, Cavaignac advierte a Henry que el documento del «dosier secreto» es falso. Al principio lo niega, pero después de algunas preguntas, Henry es víctima de sus mentiras y contradicciones y termina por admitir que ha alterado la nota, finalmente, confiesa ser el autor de la falsificación de dicho documento. Afirma que ninguno de sus oficiales superiores lo sabe y que solo actúa por el «interés de su país».

Henry admite que en 1896 recibe un sobre con una carta insignificante, se deshace de la carta y fabrica otra en su lugar con la finalidad de obtener una prueba indiscutible que acreditase la culpabilidad de Dreyfus.

Dibujo del coronel Henry cuando miente en su declaración en el juicio de Zola, se enfrenta con Picquart y con el abogado Leblois sobre la confidencialidad del «dosier secreto» y en relación con la falsedad de documentos.

Al momento de conocer la confesión, el general Boisdeffre en la misma oficina del Ministerio de la Guerra, escribe una carta de renuncia de su cargo, donde manifiesta: «*Acabo de obtener pruebas de que mi confianza en el coronel Henry, jefe del Servicio de Inteligencia, no estaba justificada. Tenía toda la confianza en lo que me afirmaba, pero me mintió y declaré auténtico un documento que era falso*»; Boisdeffre declara: «*Cualquiera podría ser inducido a error, pero a diferencia de mí, no todos tuvieron la desgracia de jurar ante un Tribunal* (referente a su declaración en el juicio de Zola) *de que un documento era auténtico cuando era falso*». (Whyte, 2008, p. 191)

El general Boisdeffre presenta su dimisión después de saber que juró sobre la autenticidad de una prueba que era falsa

Cavaignac informa de la confesión de Henry con una nota oficial de gobierno en estos términos:

«*Hoy en la oficina del Ministerio de la Guerra, el teniente coronel Henry fue identificado y, de hecho, reconoció ser el autor de la carta fechada en octubre de 1896 en la que se nombra a Dreyfus. El ministro de Guerra ordenó el arresto inmediato del teniente coronel Henry, que fue detenido y enviado a la prisión de Mont-Valérien*». (Paléologue, 1955, p. 132)

El general Pellieux, después de leer el comunicado, el 31 de agosto presenta su dimisión, declara lo siguiente:

«*Engañado por gente sin honor, incapaz de esperar la confianza de mis subordinados, sin la cual no es posible el mando, yo mismo he perdido la confianza en las órdenes de mis oficiales superiores que me han hecho trabajar con falsificaciones, tengo el honor de solicitar mi liquidación y la pensión de jubilación de acuerdo con mi antigüedad*». (Dutrait-Crozon, 1909, p. 205)

Por la mañana, el coronel Henry encerrado en su celda, envía una breve nota al general Gonse con estas palabras: «*Mi general, tengo el honor de solicitarle que venga a verme aquí. Necesito absolutamente hablar con usted. Sírvase aceptar, se lo ruego mi general, la expresión de mis sentimientos más respetuosos. J. Henry*». (Reinach, 1904, T4, p. 207)

En la tarde Henry escribe a su esposa:

«*Sabes en interés de quien actué. Mi carta es una copia y no contiene nada que sea falso. Solo confirma la información verbal que me dieron unos días antes, soy absolutamente inocente*». (Dutrait-Crozon, 1909, p. 202)

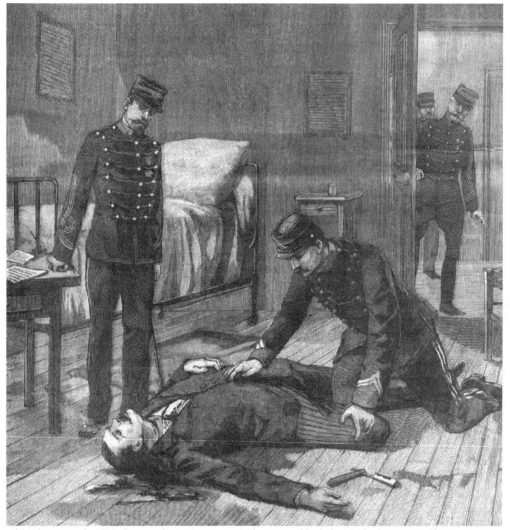

El 31 de agosto de 1898 el comandante Henry se suicida en su celda de la prisión de Mont-Valérien, con una navaja de afeitar se provoca dos cortes en la garganta y muere en su cama desangrado

A las seis de la tarde, el ordenanza no puede entrar en la celda, avisa al oficial para que le ayude a abrir la puerta. Al entrar, encuentran al coronel Henry tendido en la cama cubierto de sangre y con una navaja de afeitar en la mano, está degollado con dos cortes en la garganta.

Joseph Reinach relata los momentos siguientes:
«La Sra. Henry llegó junto con su hijo a Mont Valerien acompañada de un oficial del Estado Mayor. El suelo sangriento de la habitación fue lavado con abundante agua. El cuello de Henry rodeado de un vendaje para evitar que la viuda vea las terribles heridas. La viuda comenzó a llorar y rezar, el niño lloró y más tarde tocó la trompeta de guardia». (Reinach, 1904, T4, p. 220)

Neuvième année. — N° 404.   Huit pages : CINQ centimes.   Dimanche 11 Septembre 1898.

LE PROGRÈS ILLUSTRÉ

Léon DELAROCHE Fondateur   Supplément littéraire du « PROGRÈS DE LYON »   Léon DELAROCHE Fondateur

ABONNEMENTS	ADMINISTRATION ET RÉDACTION	LES ANNONCES
	85, Rue de la République, 85	sont reçues directement aux Bureaux du Journal
Rhône, Saône et limitrophes. . . . 2 » 3 50	ADRESSER LES CORRESPONDANCES ET ABONNEMENTS	ET DANS TOUTES LES AGENCES DE PUBLICITÉ
Autres départements 2 50 4 80	A M. L'ADMINISTRATEUR	De France et de l'Étranger

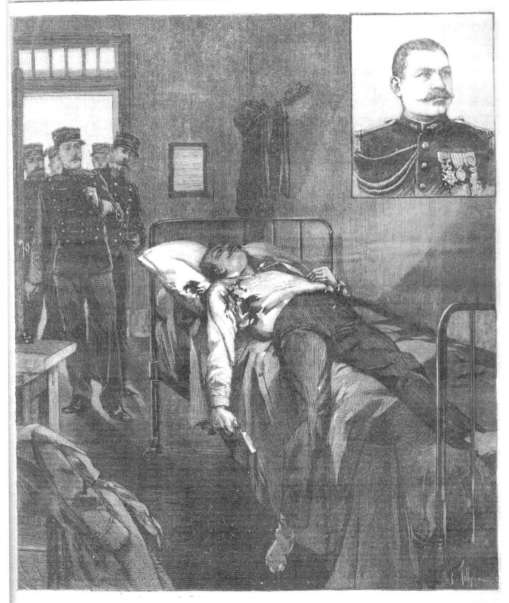

LE SUICIDE DU LIEUTENANT-COLONEL HENRY

Momento en el que los oficiales fuerzan la puerta de la celda y ven a Henry en la cama cubierto de sangre

LA TRIBUNA ILLUSTRATA

della Domenica

IL DRAMMA DREYFUS — LA FINE DEL FALSARIO.

Alegoría del Ángel negro que viene a llevarse a Henry tras confesar ser el artífice de falsificar un documento para acreditar la culpabilidad de Dreyfus

Dibujo satírico del suicidio del coronel Henry; del rostro del ministro Cavaignac sale una navaja con la que ejecuta a Henry al descubrirlo como autor de crear documentos falsos para incriminar a Dreyfus

1898. El Tribunal de Casación admite la demanda

El 3 de septiembre de 1898 Lucie Dreyfus presenta una apelación para la revisión basada en nuevos hechos: Las discrepancias entre los grafólogos con sus conclusiones de la escritura del *bordereau* y la confesión de la falsificación de Henry, uno de los principales instigadores contra Dreyfus en el consejo de guerra de 1894. El 27 de octubre se acuerda que la solicitud está justificada por lo que el Tribunal de Casación decidirá si es procedente la revisión.

L'ILLUSTRATION

r du numéro : 75 centimes.　　　　SAMEDI 1ᵉʳ OCTOBRE 1898　　　　56ᵉ Année. — Nᵒ 2...

Le Tribunal. — (Photographie prise pendant l'audience du 21 septembre.)

M. Picquart.　　Mᵉ Leblois.　　　　　　　Généraux Gonse et de Pellieux.

L'AFFAIRE PICQUART-LEBLOIS. — L'audience, d'après une photographie. — (Voir l'article, page 224.)

LA VIE ILLUSTRÉE

LE COLONEL PICQUART et son défenseur Me LABORI, dans la cellule du Cherche-Midi.
Dessin de J. Mattet.

Con la autorización del general Chanoine, Zurlinden firma la orden para iniciar un procedimiento contra Picquart por falsificación de documentos. El 22 de septiembre de 1898 lo trasladan a la prisión Cherche-Midi. El 19 de noviembre de 1898 Labori, abogado defensor, se reúne por primera vez con Picquart en la prisión

Ningún vencido tiene justicia si lo ha de juzgar su vencedor.
Francisco de Quevedo

1899

Corte de Casación - Regreso de Dreyfus a Francia - 2º consejo de guerra a Alfred Dreyfus en Rennes

1899. Tribunal de Casación

L'ILLUSTRATION

Prix du Numéro : 75 centimes.   SAMEDI 28 JANVIER 1899   *57ᵉ Année. — Nº 2918*

Vigilancia y expectación ante el recurso presentado para la revisión en la Corte de Casación

LE MONDE ILLUSTRÉ

ABONNEMENT POUR PARIS ET LES DEPARTEMENTS

43° Année — N° 2184 — 5 Février 1899

DIRECTION ET ADMINISTRATION, 13, QUAI VOLTAIRE

Directeur : M. ÉDOUARD DESFOSSES

M. DARESTE, CONSEILLER A LA COUR DE CASSATION.
(Photographie PIERRE PETIT.)

M. MAZEAU, PRÉSIDENT DE LA COUR DE CASSATION.
(Photographie PIERRE PETIT.)

M. VOISIN, CONSEILLER A LA COUR DE CASSATION.
(Photographie EUG. PIROU.)

Me Chenu. — Le président Poupardin. — Un avoué. — Un conseiller. — Mme Henry.

Mientras se estudia el recurso de revisión en el Tribunal de Casación, se celebra el juicio en el Tribunal de lo Penal del Sena por una denuncia de la viuda de Henry por difamación contra el escritor Joseph Reinach

Le Petit Journal

Le Petit Journal
CHAQUE JOUR 5 CENTIMES

Le Supplément illustré
CHAQUE SEMAINE 5 CENTIMES

SUPPLÉMENT ILLUSTRÉ
Huit pages : CINQ centimes

ABONNEMENTS

	SIX MOIS	UN AN
SEINE ET SEINE-ET-OISE	2 fr.	3 fr. 50
DÉPARTEMENTS	2 fr.	4 fr.
ÉTRANGER	2 50	5 fr.

Dixième année DIMANCHE 12 FÉVRIER 1899 Numéro 43

La viuda de Henry denuncia a Reinach por difamar contra su marido, exige una indemnización millonaria por daños morales. El juicio se celebra en el Tribunal de lo Penal del Sena; el abogado Labori en representación de Reinach, solicita un aplazamiento hasta la sentencia de la Sala Penal sobre la revisión del caso Dreyfus, este es rechazado por el Tribunal; Labori apela a la Corte Suprema de Apelaciones que resuelve a favor de Reinach y consigue que el juicio se suspenda por razones legales. Años más tarde, en junio de 1901, la denuncia inicial pasa al Tribunal Civil y dictamina que Reinach indemnice a la viuda y al hijo por una cantidad simbólica, se queda en 1 000 francos de los 200 000 que reclamaba

1899. Muere el presidente de la República Felix Faure

MORT DE FÉLIX FAURE

El 16 de febrero de 1899 muere el presidente de la República Felix Faure en el Palacio del Elíseo con él, está su amante Marguerite Steinheil. Faure es antidreyfusista y contrario a la revisión de Dreyfus

1899. Emile Loubet, nuevo presidente de la República

El 18 de febrero de 1899 Émile Loubet es elegido nuevo presidente de la República. Considerado una persona honesta y justa, con ideología dreyfusista y a favor de la revisión de Dreyfus

Le Petit Journal

Le Petit Journal
CHAQUE JOUR 5 CENTIMES
Le Supplément Illustré
CHAQUE SEMAINE 5 CENTIMES

SUPPLÉMENT ILLUSTRÉ
Huit pages : CINQ centimes

ABONNEMENTS

Dixième année   DIMANCHE 5 MARS 1899   Numéro 43.

Remise des insignes de la Légion d'honneur à M. Loubet

El 18 de febrero de 1899 Émile Loubet se convierte en el séptimo presidente de la República Francesa

1899. Tribunal de Casación y la sentencia de revisión

Le Petit Journal

Le Petit Journal
CHAQUE JOUR 5 CENTIMES

Le Supplément illustré
CHAQUE SEMAINE 5 CENTIMES

SUPPLÉMENT ILLUSTRÉ

Huit pages : CINQ centimes

ABONNEMENTS

SEINE ET SEINE-ET-OISE 2 fr. 3 fr. 50
DÉPARTEMENTS 2 fr. 4 fr.
ÉTRANGER 2.50 5 fr.

Dixième année   DIMANCHE 19 FÉVRIER 1899   Numéro 43

M. VOISIN
Conseiller

M. MAZEAU
Premier président

M. DARESTE
Conseiller

Charles Mazeau es el primer presidente de la Corte de Casación que estudia el recurso de revisión

Sala del Tribunal de Casación

Discurso del procurador general Jean-Pierre Manau

El abogado de Lucie Dreyfus, Henry Mornard, presenta un informe de más de 600 páginas. El 1 de junio de 1899 pronuncia su alegato ante el Tribunal de Casación:

Henry Mornard

«Bien, señores, estoy seguro, con alegría en sus corazones, que los jueces militares declararán que se ha cometido un error inocentemente, afirmarán que su desdichado hermano de armas... nunca ha sido infiel a la ley del honor... la hora de la justicia ha sonado, y es con plena confianza que espero su dictamen... Espero su pronunciamiento como palabra de paz para todos los ciudadanos, que, saliendo por fin de las angustiosas enemistades de ayer, compartirán el mañana, unidos en el amor de nuestra noble Francia. En fin, señores, espero vuestro pronunciamiento como la bendita aurora del día que bañará a nuestra querida nación con la gran luz de la concordia y de la verdad».

Mazeau en calidad de primer presidente de la Corte de Casación lee el veredicto del Tribunal

El 3 de junio de 1899 el primer presidente de la Corte Suprema de Apelación pronuncia la sentencia: «*Anula el veredicto de la corte marcial de 1894 y establece que Dreyfus regrese a Francia para ser juzgado por un nuevo consejo de guerra en Rennes*». El Tribunal de Casación se convierte con esta sentencia en una verdadera autoridad, capaz de hacer frente al poder militar y político.

Las consecuencias inmediatas de la sentencia del Tribunal de Casación: Zola, exiliado en Inglaterra, regresa a Francia; Picquart recluido en la prisión Cherche-Midi es liberado; Mercier acusado de comunicación ilegal de documentos y du Paty de Clam detenido. La prensa nacionalista indignada, protesta con vehemencia contra las decisiones de la Corte, acusa a los jueces de estar a sueldo de los judíos.

1899. Regreso de Dreyfus a Francia

El 5 de junio de 1899 el vigilante jefe de la prisión de la isla del Diablo entra en la celda y le entrega a Dreyfus la siguiente nota:

«Haga V. saber inmediatamente al capitán Dreyfus dispositiva casación así concebida: "El Tribunal casa y anula el juicio celebrado el 22 de diciembre de 1894 contra Alfred Dreyfus por el primer consejo de guerra del gobierno militar de París y somete al acusado al consejo de guerra de Rennes, etc.

El crucero Sfax sale hoy de Fort- de France con orden de ir a buscar al detenido de la isla del Diablo y conducirlo a Francia». (Dreyfus, 1901, p. 228)

Tras conocer la decisión del Tribunal de Casación, Dreyfus reacciona así:

«Mi júbilo fue inmenso, indecible. Por fin escapaba al caballete de tortura donde había estado enclavado cinco años, sufriendo el martirio por los míos, por mis hijos, tanto como por mí mismo. La dicha sucedía al espanto de las angustias inexplicables, el alba de la justicia se elevaba por fin para mí. Después del decreto del Tribunal supremo, yo creí que todo estaba terminado...» (Dreyfus, 1901, p. 229)

Dreyfus recuerda la salida de la isla del Diablo con estas palabras:

«El viernes 9 de junio, a las siete de la mañana, vinieron a buscarme a la isla del Diablo, en la chalupa de la penitenciaría. Abandonaba, por fin, aquella isla maldita donde tanto había sufrido. El Sfax, a causa de su calado, estaba muy adentro. La chalupa me condujo hasta el paraje en que la embarcación se hallaba anclada; pero tuve que esperar dos horas a que se sirvieran recibirme. El mar estaba fuerte y la chalupa, verdadera cáscara de nuez, bailaba sobre las ondas del Atlántico. Me maree como todos los que íbamos». (Dreyfus, 1901, p. 229)

Dreyfus sale de la isla del Diablo en una chalupa para embarcar en el navío *Sfax*

La chalupa que traslada a Dreyfus se aproxima al navío *Sfax*

Al subir al *Sfax*, Dreyfus lo recibe el comandante segundo que lo conduce al camarote de suboficial que ha sido preparado para su viaje. La ventanilla del camarote está enrejada y la puerta con vidriera vigilada por un marino armado

L'ILLUSTRATION

Prix du Numéro : 75 centimes.   SAMEDI 8 JUILLET 1899   57ᵉ Année. — Nᵒ 2941.

LE RETOUR DU CAPITAINE DREYFUS

Arrivée de Dreyfus à bord du « Sfax », devant les îles du Salut. (D'après une photographie) — Voir l'article, page 32.

El 9 de junio de 1899 Dreyfus abandona la isla del Diablo abordo del *Sfax* rumbo a Francia

Una vez arriba del navío, llevan a Dreyfus a su camarote convertido en celda

Dreyfus tiene el trato de un oficial con arresto grave; dispone de una hora por la mañana y otra por la tarde
para pasear sobre el puente del navío

Dreyfus desciende del navío *Sfax* para subirse a una canoa que lo conducirá a tierra francesa

La travesía dura más de 20 días hasta llegar a la costa francesa; el 30 de junio de 1899 a las 9 de la noche, se aproxima al navío una canoa en busca de Dreyfus: «*La canoa no podía acercarse a causa del mal tiempo. El mar estaba agitado, soplaba un viento tempestuoso y la lluvia caía en abundancia. La canoa, levantada por las olas daba saltos espantosos bajo la escalera del Sfax, donde apenas podía mantenerse. No tuve más remedio que echarme, dándome un golpe y haciéndome una herida profunda. La canoa se puso en marcha bajo las ráfagas de lluvia. Asaltado tanto por las emociones de aquel desembarco como por el frío y la humedad penetrante, fui acometido de un violento acceso de fiebre...*» (Dreyfus, 1901, p. 232)

Dreyfus llega a la península de Quiberon, de ahí es conducido por una calesa a la estación de tren donde sube a un vagón con los mismos guardias y continúa unas tres horas de viaje

Al finalizar el trayecto en tren, lo espera una calesa para conducirlo a la prisión de Rennes

Onzième année. — N° 545.
Huit pages : CINQ centimes
Dimanche 16 Juillet 1899.

Le Petit Parisien

SUPPLÉMENT LITTÉRAIRE ILLUSTRÉ

TOUS LES JOURS
Le Petit Parisien
5 CENTIMES.

DIRECTION: 18, rue d'Enghien, PARIS

TOUS LES JEUDIS
SUPPLÉMENT LITTÉRAIRE
5 CENTIMES.

ARRIVÉE DE DREYFUS A QUIBERON

Dreyfus escribió: «*A las dos y cuarto de la mañana abordé a un paraje que después supe ser Port-Houlignen. allí fui introducido en una calesa con un capitán de gendarmería y dos gendarmes*»

uméro 38   6 Juillet 1899

LA VIE ILLUSTRÉE

L'ARRIVÉE DU CAPITAINE DREYFUS: DE PORT-HALIGUEN A QUIBERON

(Croquis d'après nature de notre envoyé spécial GEORGES REDON.)

En la imagen de la portada se muestra el traslado de Dreyfus en una calesa por la noche y con fuerte lluvia
de Port-Haliguen a la península de Quiberon

Dixième année. — N° 448. Huit pages : CINQ centimes. Dimanche 16 Juillet 1899.

LE PROGRÈS ILLUSTRÉ

Léon DELAROCHE Fondateur Supplément littéraire du « PROGRÈS DE LYON » *Léon DELAROCHE Fondateur*

ABONNEMENTS			ADMINISTRATION ET RÉDACTION	LES ANNONCES
	SIX MOIS	UN AN	85, Rue de la République, 85	sont reçues directement aux Bureaux du Journal
Lyon, Rhône et limitrophes	2f. »	3f.50	ADRESSER LES CORRESPONDANCES ET ABONNEMENTS	ET DANS TOUTES LES AGENCES DE PUBLICITÉ
Hors de ces départements	2 50	4 50	à M. L'ADMINISTRATEUR	En France et de l'Étranger

LE RETOUR DU CAPITAINE DREYFUS

Arrivée du train au passage à niveau de « la Rabelaise », à 2 kilomètres de Rennes.

En la estación de tren de Rennes, lo espera una calesa para conducirlo a la prisión militar

RENNES. — ARRIVÉE DE DREYFUS A LA PRISON MILITAIRE. — (Dessin de M. BRUN, d'après les documents de notre envoyé spécial.)

Entrada de Dreyfus en una calesa a la prisión militar de Rennes

Dreyfus recuerda su traslado y llegada a la prisión:

«Entre dos filas de soldados, esta calesa me condujo a la estación. Allí subí, siempre con los mismos compañeros, sin que cambiásemos una palabra, en un vagón que después de dos o tres horas de marcha, me dejó en otra estación.

Al bajar del tren subí en otra calesa que me condujo a galope a una población y luego penetró en un zaguán. Descendí y advertí entonces, por el personal que me rodeaba, que me encontraba en las prisiones militares de Rennes; eran las seis de la mañana.

Se comprenderá cuáles habían sido mis sorpresas, mi estupefacción, mi tristeza, mi extremo dolor por semejante entrada en mi patria. Allí donde creía yo encontrar unidos en un pensamiento común de justicia y de verdad, deseosos de hacer olvidar todo el dolor de un espantoso error judicial, no encontraba sino rostros ansiosos, precauciones minuciosas, un desembarco loco en plena mar agitada, sufrimientos físicos juntándose a mi dolor moral…». (Dreyfus, 1901, p. 233)

Le Petit Journal

Le Petit Journal
CHAQUE JOUR 5 CENTIMES

Le Supplément illustré
CHAQUE SEMAINE 5 CENTIMES

SUPPLÉMENT ILLUSTRÉ
Huit pages : CINQ centimes

ABONNEMENTS

SEINE ET SEINE-ET-OISE ___ 2 fr ___ 3 fr 50
DÉPARTEMENTS ___ 2 fr ___ 4 fr
ÉTRANGER ___ 2 50 ___ 5 fr

Dixième année   DIMANCHE 9 JUILLET 1899   Numéro 451

L'AFFAIRE DREYFUS
La prison militaire de Rennes

Expectación frente a la prisión militar de Rennes

La prensa de todo el mundo hace eco de la decisión del Tribunal de Casación y del nuevo consejo de guerra que juzgará a Dreyfus. La imagen del diario estadounidense *Puck*, representa a una mujer poderosa como la justicia con los ojos vendados, el arco, la flecha y la balanza caen de su mano derecha, mientras un niño está leyendo el nombre de los culpables que han contribuido a la condena de Dreyfus: Esterhazy, du Paty de Clam, Mercier, Billot, Zurlinden Boisdeffre, Gonse, Pellieux, etc.

1899. El reencuentro de Alfred con su familia y abogados

«Estábamos a uno de julio. A las nueve de la mañana vinieron a decirme que vería a mi mujer algunos momentos después en la habitación inmediata a la mía. Aquella estancia estaba, como la mía, cerrada por una reja de madera que no permitía ver el patio; estaba amueblada con una mesa y sillas. Todas las entrevistas con los míos, con los defensores, tuvieron lugar allí. Por fuerte que yo fuese, me sobrecogió un violento temblor, corrieron mis lágrimas, esas lágrimas que yo no conocía desde tanto tiempo; pero bien pronto me repuse». (Dreyfus, 1901, p.234)

Arrivée de Mᵐᵉ Dreyfus et de M. Hadamard à Rennes.

Mᵐᵉ Lucie Dreyfus   M. Hadamard.
(Phot. de M. Léon Bocca.)

Le Débarquement de Dreyfus

M. Henry Céard, notre éminent confrère, qui passe ses vacances à Port-Haliguen, a assisté au débarquement de Dreyfus. Il adresse à ce propos la lettre qu'on

Dreyfus est en vue. D'ailleurs, dans l'ombre noyée d'eau, un grand navire qui est le *Stox* fait des signes au *Caudan* qui appareille et va le rejoindre, là-bas, très loin, car le croiseur a mouillé à une distance peut-être un peu trop considérable. Régulièrement tout devait être terminé à neuf heures

La llegada de Lucie Dreyfus a la prisión de Rennes para reunirse con su marido

El 1 de julio de 1899 Dreyfus se reencuentra con su esposa, inmortaliza el momento con estas palabras: «*La emoción que experimentamos mi mujer y yo, al vernos, fue demasiado fuerte para que pueda expresarse con palabras. Había de todo, dolor y alegría; tratábamos de leer en nuestros semblantes las huellas de nuestros sufrimientos, hubiéramos querido decir todo lo que teníamos en el corazón, todas las sensaciones comprimidas y sofocadas durante tan largos años, y las palabras espiraban en nuestros labios. Nos contentamos con mirarnos, poniendo en las miradas cambiadas todo el poder de nuestra afección como el de nuestra voluntad...*» (Dreyfus, 1901, p. 234)

Le Petit Journal

Le Petit Journal
CHAQUE JOUR 5 CENTIMES
Le Supplément illustré
CHAQUE SEMAINE 5 CENTIMES

SUPPLÉMENT ILLUSTRÉ
Huit pages : CINQ centimes

ABONNEMENTS

SEINE ET SEINE-ET-OISE
DÉPARTEMENTS
ÉTRANGER

tième année   DIMANCHE 16 JUILLET 1899   Numéro 45.

El 3 de julio de 1899 Dreyfus recibe la visita de sus abogados, lo recuerda así: «*Me eché en brazos del Sr. Demange y después fui presentado al Sr. Labori. Mi confianza en el Sr. Demange, en su admirable decisión permanecía inalterable; sentí inmediatamente una viva simpatía por el Sr. Labori, que había sido, con tanta elocuencia y valor, el abogado de la verdad, al que expresé mi profunda gratitud*» (Dreyfus, 1901, p. 235)

1899. Segundo consejo de guerra en Rennes

Los días previos al consejo de guerra, la familia y los abogados informan a Dreyfus sobre todo lo acontecido durante su cautiverio en la isla del Diablo, así lo recuerda en su diario:

«Los abogados pusieron en mis manos los dictámenes de los procesos del año 1898, el sumario de la Cámara criminal, los debates definitivos ante las cámaras reunidas del Tribunal de casación. Leí el proceso Zola a la siguiente noche, sin poder abandonarlo de la mano. Zola fue condenado por haber querido y dicho la verdad, leí también el juramento del general Boisdeffre, jurando la autenticidad de la falsedad de Henry. Pero al mismo tiempo que aumentaba mi tristeza, considerando como las pasiones extravían al hombre, leyendo todos los crímenes cometidos contra la inocencia, un profundo sentimiento de reconocimiento y admiración se eleva en mi corazón para todos los hombres animosos, sabios o trabajadores, grandes o humildes que se habían arrojado valientemente a la lucha por el triunfo de la verdad y la justicia, por el mantenimiento de los principios que son el patrimonio de la humanidad. Y será en la historia un honor para Francia, que este conjunto de hombres de toda condición, de sabios hasta entonces abismados en los trabajos silenciosos del laboratorio o del despacho...». (Dreyfus, 1901, p. 236)

Se decide celebrar la corte marcial en el salón de actos de la Escuela Militar de Rennes, especialmente porque el salón está cerca de la prisión militar y facilita el traslado de Dreyfus.

El historiador y diplomático Maurice Paléologue ha sido designado por el gobierno para la entrega del expediente secreto al consejo de guerra de Rennes. En su obra póstuma publicada en 1955, recuerda la llegada a Rennes con estas palabras:

«Llego a Rennes a las 4 pm con el general Chamoin. Dos agentes nos escoltan desde París para la protección de las maletas que contienen los archivos secretos. Desde la estación vamos directamente al registro del consejo de guerra, donde depositamos nuestros archivos... Chamoin y yo ocuparemos nuestros lugares en la plataforma, detrás de los jueces.

Me pregunto interiormente si una sala tan grande, tan resonante, tan teatral, no podría convertir el procedimiento en un espectáculo y exagerar aún más los elementos dramáticos de este caso, que tanto necesita ser deliberado en un ambiente tranquilo y frío.

El prefecto me habla de la preocupación que le causa el estado de ánimo en Rennes, donde los batalladores y los fanáticos de los dos campos no para de fluir: No te imaginas las palabras violentas que ya se intercambian en cafés, en paseos... ¿Qué será cuando comiencen las declaraciones? Veréis que terminamos a golpes...

Resueltos a mantener la neutralidad que nuestra misión nos impone, hemos decidido, Chamoin y yo, vivir estrictamente apartados de los beligerantes; evitaremos los lugares públicos y tomaremos todas nuestras comidas uno con el otro, en una habitación reservada del hotel». (Paléologue, 1955, pp. 190 y ss.)

Descarga del «dossier secreto» que venía junto con el diplomático Paléologue
y el general Chamoin

A las 7 de la mañana del lunes 7 de agosto de 1899 comienza en el Liceo de Rennes el segundo consejo de guerra a Alfred Dreyfus, preside el coronel Albert Jouaust. Paléologue narra la apertura y el inicio del proceso en estos términos:

«A las seis cincuenta de la mañana entro con el general Chamoin en la sala del consejo de guerra; nos están reservados dos asientos detrás de los lugares que ocuparán los jueces. El comisario del gobierno, el comandante Carrière, que llega al mismo tiempo que nosotros, ocupa su lugar a la derecha de la sala. Enfrente, los abogados, Demange y Labori, con sus togas negras, extienden sus pesados expedientes sobre una mesa larga. Frente a ellos, contra la mesa, dos sillas vacías: una asignada al acusado, la otra para el capitán de gendarmería.

La enorme sala está abarrotada, por lo menos mil personas. Todos los rostros pálidos, contraídos por la angustia. Ni una mirada que no esté hipnotizada hacia una puertecilla baja, a la izquierda del andén, donde están de servicio dos gendarmes y por la que se adivina que va a entrar. Frente a mí, al pie de la plataforma, la multitud de testigos, cien oficiales, veinte civiles. Al fonde de la sala y hasta el borde de las ventanas, el público, los periodistas, muchos soldados, muchos extranjeros, muchos sacerdotes, muchas mujeres.

En la apretada fila de testigos veo a un expresidente de la República, cinco exministros de guerra, cuatro exministros civiles, un exjefe del Estado Mayor General, innumerables generales, coroneles, comandantes, capitanes...

Entre ellos, como, ¡Cuántas ruinas, cuántos naufragios! Todos los que el asunto Dreyfus mató moralmente están allí: parece una necrópolis. Sin embargo, faltan dos, Esterhazy, refugiado en Londres y Henry, refugiado en la muerte.

Suenan las siete. Un breve comando. Todos de pie. El guardia presenta las armas. Con traje de gala, los siete jueces hacen su entrada y llegan a la plataforma.

El presidente, coronel Jouaust, rostro marcial, duro y resuelto, declara abierta la sesión. Luego, en tono seco, ordena que traigan al acusado.

Dreyfus ante el Tribunal del consejo de guerra

En un silencio donde parece que se suspenden los mismos respiros, se abre la puertecita. Dreyfus avanza con paso rígido, sube a la plataforma, hace mecánicamente el saludo militar y se sienta, muy pálido, con la cabeza en alto, el rostro congelado.

Estupor extraño que se manifiesta inmediatamente en los ojos de todos, como si a uno le costara creer que era realmente Dreyfus. En efecto, desde lejos, desde allá, en el misterio de su isla infernal, este hombre, sobre el que desde hace cinco años se acumulan tantos odios y conmiseraciones, aparecía como un símbolo, una abstracción. Para unos era el traidor, el vagabundo, Judas; para otros personificaba al inocente sacrificado por los intereses de una casta, víctima de un nuevo calvario, víctima del ultraje más monstruoso que jamás se haya cometido contra la Justicia y la Verdad...

¡Pero qué desgaste, qué demacración, qué pobre despojo humano! Los brazos están atrofiados, las rodillas tan delgadas que parecen perforar la sábana de los pantalones. En la cabeza calva, apenas unas pocas canas. Solo los ojos, apuntados detrás de los impertinentes dan vida al rostro cadavérico.

Sin embargo, el secretario leyó algunos documentos procesales, el auto del juicio, la sentencia solemne del Tribunal de Casación, finalmente, la acusación, la misma que en 1894. Dreyfus escucha en absoluta quietud. De repente, cuando escucha de nuevo, después de cinco años, las terribles conclusiones, veo grandes lágrimas corriendo por sus párpados y desbordan en las mejillas. Pero inmediatamente, vuelve a tomar su máscara impasible, una pobre máscara desgastada, grabada por el dolor...» (Paléologue, 1955, pp. 192 y ss.)

Le Petit Journal

Le Petit Journal
CHAQUE JOUR 5 CENTIMES

Le Supplément illustré
CHAQUE SEMAINE 5 CENTIMES

SUPPLÉMENT ILLUSTRÉ
Huit pages : CINQ centimes

ABONNEMENTS

SEINE ET SEINE-ET-OISE 2 fr. 5 fr. 50
DÉPARTEMENTS 2 fr. 4 fr.
ÉTRANGER 2 50 5 fr.

Dixième année   DIMANCHE 10 SEPTEMBRE 1899   Numéro 460

LE COLONEL JOUAUST
Président du Conseil de guerre de Rennes

El coronel Jouaust presidente del consejo de guerra de Rennes

Los abogados de la defensa Edgar Demange y Fernand Labori

7 de agosto. Declaración de Alfred Dreyfus

«Dreyfus a quien le tiemblan las manos hace un visible esfuerzo por endurecerse; luego, con su voz ronca, exclama: Nunca he hecho una confesión... Siempre he afirmado que soy inocente; siempre he defendido mi honor... ¡Sobre la cabeza de mi mujer y de mis hijos, juro que soy inocente!... ¡Señor, le juro que soy inocente! Y cae hacia atrás en su silla, como un autómata, con la boca horriblemente apretada...»
(Paléologue, 1955, pp. 192 y ss.)

Dreyfus en pie delante de sus abogados Demange y Labori declara frente al Tribunal

En el primer consejo de guerra en 1894, Dreyfus fue juzgado y condenado en tres días; cinco años después se inicia la revisión en la ciudad de Rennes en esta ocasión tendrá una duración de cinco semanas, veintinueve audiencias (del 7 de agosto al 9 de septiembre).

Reinach expone en su magno tratado la presión que se vive en la ciudad:

«Durante todo el mes hubo dos localidades en Rennes: la localidad bretona, que aparentemente volvió a su calma habitual, advertida por las importantes medidas de orden adoptadas por el gobierno, pero donde persistió la hostilidad, se leía por todas partes, con los rostros contraídos, con las miradas oblicuas, con el duro silencio de todo lo autóctono; y una ciudad nueva, venida de fuera, parisina y cosmopolita, tan ruidosa como taciturna la otra, donde las pasiones estallaban y humeaban en un último fuego. Cada mañana, al amanecer, en la temperatura ya abrasadora, esta otra Rennes se vaciaba en la sala del consejo de guerra, derramaba allí sus tropas enemigas de testigos, periodistas, aficionados a la emoción, que desconfiaban unos de otros, medidos con la mirada o gesto, luego continuó hasta la noche, en los cafés y en las calles, el combate legal.

La atmósfera no es menos saludable, especialmente entre los jueces militares, todos cargados de tensión y adulterados, cuando lo deseable hubiera sido un espíritu equilibrado, ambiente fresco y luminoso». (Reinach, 1905, T. 5, p. 264-265)

Dreyfus ante el Tribunal en el segundo consejo de guerra

Le Petit Journal

SUPPLÉMENT ILLUSTRÉ

Le Petit Journal
CHAQUE JOUR 5 CENTIMES

Le Supplément illustré
CHAQUE VENDREDI 5 CENTIMES

Huit pages : CINQ centimes

ABONNEMENTS

SEINE ET SEINE-ET-OISE ... 2 fr. 3 fr.
DÉPARTEMENTS ... 2 fr. 4 fr.
ÉTRANGER ... 2.50 5 fr.

Dixième année   DIMANCHE 20 AOUT 1899   Numéro

LE PROCÈS DE RENNES
Entrada de Dreyfus al consejo de guerra

Onzième année. — N° 550. Huit pages : CINQ centimes Dimanche 20 Août 1899.

Le Petit Parisien

TOUS LES JOURS
Le Petit Parisien
5 CENTIMES.

SUPPLÉMENT LITTÉRAIRE ILLUSTRÉ
DIRECTION: 18, rue d'Enghien, PARIS

TOUS LES JEUDIS
SUPPLÉMENT LITTÉRAIRE
5 CENTIMES.

(Voir à l'intérieur de ce numéro une gravure représentant « L'Affaire Dreyfus à Rennes ».)

Le Procès de Rennes
DREYFUS PENDANT SON INTERROGATOIRE

Dreyfus escucha el acta de acusación

El capitán Dreyfus escucha la lectura del acta de la acusación, Paléologue relata el momento en estos términos:

«El secretario leyó algunos documentos procesales; el auto del juicio, la sentencia solemne del Tribunal de Casación, finalmente, la acusación, la misma que en 1894. Dreyfus escucha en absoluta quietud. De repente, cuando escucha de nuevo, después de cinco años, las terribles conclusiones, veo grandes lágrimas corriendo por sus párpados y desbordan en las mejillas» (Paléologue, 1955, pp. 194-195)

LE MONDE ILLUSTRÉ

N° 2211 — 12 Août 1899.   *Directeur* : ÉDOUARD DESFOSSÉS   Bureaux : 13, quai Voltaire.

Paléologue describe la fisonomía de Dreyfus cuando entra en la audiencia:
«¡Pero qué desgaste, qué demacración, qué pobre despojo humano! Los brazos están atrofiados, las rodillas tan delgadas que parecen perforar la sábana de los pantalones. En la cabeza calva, apenas unas pocas canas. Solo los ojos, apuntados detrás de las gafas dan vida al rostro cadavérico». (Paléologue, 1955, p. 194)

THE ILLUSTRATED LONDON NEWS, Aug. 19, 1899.— 245

THE RE-TRIAL OF CAPTAIN DREYFUS.

Dreyfus jura y proclama su inocencia, insiste que nunca ha hecho una confesión, que es falso, y jura por su honor, por su mujer y por sus hijos que es inocente

o L - N. 32. 13 Agosto 1899. Centesimi Dieci il Numer

LA DOMENICA DEL CORRIERE

no . . . . . . L. 5 —   L. 5 —
nestre . . . . > 2 50   > 4 —

SI PUBBLICA A MILANO OGNI DOMENICA
Dono agli Abbonati del *Corriere della Sera*

Uffici del giornale:
Via Pietro Verri, 14
MILANO

IL NUOVO PROCESSO DREYFUS A RENNES · L'INTERROGATORIO DELL'IMPUTATO.

Escena que representa la declaración de Dreyfus en la prensa italiana

218

Le procès de Rennes

Entrada de los jueces del consejo de guerra; saludo oficial del coronel Jouaust a Dreyfus (esta escena no se corresponde al orden real de los acontecimientos)

La Petite Gironde

Supplément Illustré

HUIT Pages : CINQ centimes.

ABONNEMENTS

France, Algérie, Tunisie.. 2f » | 3f 50
Étranger (union postale).... 3 50 | 5 »

2e Année. No 34. Dimanche 20 Août 1899.

ADMINISTRATION : 8, rue de Cheverus,
BORDEAUX

ANNONCES

Pour la Publicité, s'adresser :
A Bordeaux, rue de Cheverus,
A Paris, rue de Richelieu, 10

Paraît chaque semaine.

Colonel Jouaust. Appariteur. Mr Demange Mr Labori.
Capitaine Dreyfus. Capitaine de gendarmerie.

LE PROCÈS DREYFUS A RENNES

Dreyfus niant avoir écrit le bordereau que lui présente l'appariteur du Conseil de guerre (dessin de M. Carrey, notre envoyé spécial.)

Dreyfus niega haber escrito el *bordereau* que le muestran ante el consejo de guerra

Salida de Dreyfus de la Corte Marcial

Numéro 43   10 Août 1899

LA VIE ILLUSTRÉE

LE CAPITAINE DREYFUS

SORTANT DU LYCÉE DE RENNES APRÈS LA PREMIÈRE AUDIENCE DU CONSEIL DE GUERRE

(Photographie de la *Vie Illustrée*.)

Salida de Dreyfus al terminar la primera sesión del consejo de guerra, donde va caminando por un pasillo de soldados que le dan la espalda

Douzième année. — N° 37. ÉDITION D'AMATEUR *Dimanche 10 Septembre 1899.*

L'Illustré SOLEIL DU DIMANCHE

LE CAPITAINE DREYFUS SORTANT DU CONSEIL DE GUERRE.
(D'après un instantané pris lundi dernier par un de nos envoyés spéciaux.)

Los soldados hacen filas formando un pasillo dando la espalda a Dreyfus durante su salida del edificio

En la audiencia del segundo día, el diplomático Paléologue toma notas de lo que observa durante la sesión, notables reflexiones que se resumen a continuación:

«A lo largo de esta larga comunicación, Dreyfus permaneció encerrado en absoluto silencio, lanzando solo una mirada indiferente a los documentos que los jueces y abogados examinaban apasionadamente. Su actitud parece decir: "¿Qué me importa lo que aquí exhibes?"

Y, de hecho, en estos fajos, cuyo misterio ha perturbado tantas mentes y de los que han brotado tantas leyendas increíbles, no hay vente líneas que se apliquen realmente a Dreyfus. Piezas apócrifas o sofisticadas, traducciones infieles, testimonios distorsionados, chismes vanos o fabricados, recortes de papel cosidos arbitrariamente que adquieren todos los significados que uno quiere, como hojas sibilinas, notas insignificantes en las que se descubre un sentido profundo y cabalístico. Es todo el archivo secreto del Servicio de Inteligencia.

Por la tarde, el comandante Carrière me hizo el honor de presentarme a su perro y su cuervo... Me dice que Dreyfus está enfermo: insomnio, mareos, náuseas; se apoya con kola. ¿Llegará hasta el final del juicio?» (Paléologue, 1955, p. 197)

Durante la sesión del tercer día:

«El general Chamoin completa, a puerta cerrada, la comunicación de su expediente secreto. Dreyfus no se apartó ni un momento de su aire impasible y de su rigidez mecánica. Hacia el final de la sesión, cuando se leyeron los desgarradores llamamientos que tantas veces había dirigido desde su isla, al presidente de la República, al general Boisdeffre, los rostros de los jueces delataban su emoción; el rostro del acusado permanece mudo...» (Paléologue, 1955, p. 198)

12 de agosto. Declaración del general Mercier

La declaración del general Merciel dura cuatro horas y media; una exposición metódica, precisa y autoritaria

LE MONDE ILLUSTRÉ

ABONNEMENT POUR PARIS ET LES DÉPARTEMENTS
Un an. 36 fr.; — Six mois, 13 fr.; — Trois mois, 7 fr.; — Un numéro 50 c.
Le volume semestriel, 12 fr. broché. — 17 fr. relié et doré sur tranche.
ÉTRANGER (Union postale) : Un an, 27 fr.; — Six mois, 14 fr.; — Trois mois, 7 fr. 50.

43ᵉ Année — N° 2212 — 19 Août 1899

Directeur : **M. ÉDOUARD DESFOSSÉS**

DIRECTION ET ADMINISTRATION, 13, QUAI VOLTAIRE
Toute demande d'abonnement non accompagnée d'un bon sur Paris ou sur
poste, toute demande de numéro à laquelle ne sera pas joint le mont
en timbres-poste, seront considérées comme non avenues. — On ne rép...
pas des manuscrits et des dessins envoyés.

El 12 de agosto de 1899 declara el general Mercier; en su intervención expone: «*Si la más mínima duda hubiera pasado por mi mente, caballeros, sería el primero en decírselo, porque soy un hombre honesto, vendría ante ustedes para decirle al capitán Dreyfus: "Me equivoqué de buena fe"*»

L'AUDIENCE DU 12 AOUT AU CONSEIL DE GUERRE DE RENNES. — LE CAPITAINE DREYFUS S'ADRESSANT AU GÉNÉRAL MERCIER
(Dessin d'après nature de notre envoyé spécial, Georges REDON.)

Dreyfus al escuchar las palabras del general Mercier se levanta súbitamente y le recrimina: «¡Eso es lo que debes hacer! Es su deber». Los aplausos sonaron en la sala del tribunal, pero el general repite fríamente: «No, la creencia que he mantenido desde 1894 no ha cambiado en lo más mínimo»

Momento en el que Dreyfus se levanta y le recrimina al general Mercier que debía reconocer su error

Declaración de uno de los testigos ante el Tribunal

13 de agosto. Jules Guérin se refugia en el Fuerte Chabrol

LE MONDE ILLUSTRÉ

JOURNAL HEBDOMADAIRE

ABONNEMENT POUR PARIS ET LES DEPARTEMENTS
a, 24 fr. ; — Six mois, 13 fr. ; — Trois mois, 7 fr. ; — Un numéro 50 c.
.e volume semestriel, 12 fr. broché. — 17 fr, relié et doré sur tranche.
NGER (Union postale) : fr m. 27 fr. ; — Six mois, 14 fr. ; — Trois mois, 7 fr. 50.

45ᵉ Année — Nᵒ 2214 — 2 Septembre 1899
Directeur : M. ÉDOUARD DESFOSSÉS

DIRECTION ET ADMINISTRATION, 13, QUAI VOLTAIRE
Toute demande d'abonnement non accompagnée d'un bon sur Paris ou
poste, toute demande de numéro à laquelle ne sera pas joint le mo
en timbre-poste, seront considérées comme non avenues. — On ne r
pas des manuscrits et des dessins envoyés.

Fuerte Chabrol donde se atrinchera el periodista y presidente de la Liga Antisemita de Francia

Con motivo del juicio de la revisión de Dreyfus que se celebra en Rennes, se teme un motín nacionalista que conspira contra la seguridad del Estado. El 12 de agosto se arrestan a los líderes de la Liga de Patriotas y la Liga Antisemita de Francia, su presidente y director Jules Guérin del semanario *L´Antijuif*, se refugia el 13 de agosto de 1899 en el edificio la rue de Chabrol (sede de su periódico) con una docena de hombres armados y allí resiste un asedio de 38 días, conocido como «Fuerte Chabrol».

Jules Guérin presidente de la Liga Antisemita

Interior del Fuerte Chabrol donde se refugia Guérin

La policía asedia el Fuerte Chabrol donde se defiende Jules Guérin junto a una docena de hombres armados.
En el edificio se muestra un cartel de gran tamaño que dice: «*Viva la armada. Abajo los traidores*»

Le Petit Journal

SUPPLÉMENT ILLUSTRÉ

Le Petit Journal

Le Supplément illustré

Huit pages : CINQ centimes

ABONNEMENTS

DIMANCHE 1ᵉʳ OCTOBRE 1899

Numéro 463

Le dernier ravitaillement du Fort Chabrol

Disturbios en el asedio al Fuerte Chabrol con una persecución en los tejados

14 de agosto. Atentado a Fernand Labori

Sobre las 6:30 de la mañana del 14 de agosto de 1899, el abogado Fernand Labori mientras camina dirección a la corte marcial acompañado por Picquart y Gast (primo de Picquart), es víctima de un disparo por la espalda a la corta distancia de unos 4 metros.

El criminal es un joven de unos 30 años que huye al dispararle. Picquart y Gast corren en su búsqueda, pero desaparece entre los árboles del bosque que rodea la ciudad.

Durante los primeros instantes se teme lo peor, la herida parece mortal; pasadas unas 48 horas los doctores anuncian que la bala está alojada en su quinta y sexta costilla y logra detener a unos pocos milímetros la columna vertebral y que la recuperación será rápida.

Fernand Labori

El intento de asesinato genera confusión en Rennes. El jefe de la policía, alcalde y diputados de la ciudad condenan el atentado y piden a la población que se controle la provocación y que vuelva la calma.

El diplomático Paléologue lo vive en la sala del Tribunal de esta forma:

«Esta mañana, a las seis y treinta y cinco, nada más abrirse la audiencia, un grito estridente se elevó desde el fondo de la sala: ¡Labori acaba de ser asesinado! Tumultos, clamores, altercados. Sin perder la calma, el coronel Jouaust ordenó silencio y luego, a petición del señor Demange, suspendió la sesión durante media hora.

En el patio aislado, donde me retiro, con los jueces, un comisario de policía no tarda en traernos alguna información sobre el ataque. Muy cerca de su casa, Labori recibió un disparo de revólver en la espalda que parecía haberle dañado una vértebra. El asesino, un joven pelirrojo y descarado, salió corriendo a toda velocidad gritando: "¡Acabo de matar a un Dreyfus!... ¡Acabo de matar a un Dreyfus!..." Y desapareció en el campo hacia los grandes bosques que se extienden al norte de la Vilaine. Rápidamente se organizó un enorme operativo de gendarmes y policías en su búsqueda. ¡Más de trescientos hombres! ¡Vamos a buscar en todo el país hasta encontrarlo...!». (Paléologue, 1955, p. 208)

A pesar de la ausencia de Labori, el presidente del consejo de guerra, el coronel Jouaust, a las 7:15 reanuda la audiencia.

Pasada una semana, el 22 de agosto, Labori regresa a la corte marcial, es aclamado y lo reciben con una ovación de pie. Muchos testigos y funcionarios del juicio, incluidos los generales Billot y Mercier se interesan por su salud.

LE PROCÈS DE RENNES. — L'attentat contre Mᵉ Labori. (Dessin fait à Rennes par M. Maurice FEUILLET.)

El abogado Labori en el momento de sufrir el disparo por la espalda junto a Picquart cuando se dirige a la corte marcial

LA TRIBUNA ILLUSTRATA
della Domenica

ABBONAMENTI
Nel Regno .... Anno L. 5 —
All' Estero .... » » 7.50

Il numero cent. 10
(Tiratura: 125,000 copie).

Anno VII   Roma, Domenica, 20 agosto 1899   N.

L'ATTENTATO CONTRO L'AVV. LABORI, DIFENSORE DI DREYFUS, A RENNES.

(Disegno di I. Gusti, zinchi dei fratelli Danesi).

En diferentes lugares del mundo se publica la noticia del atentado al abogado Labori defensor de Dreyfus

Le Petit Journal

Le Petit Journal
CHAQUE JOUR 5 CENTIMES
Le Supplément illustré
CHAQUE SEMAINE 5 CENTIMES

SUPPLÉMENT ILLUSTRÉ
huit pages : CINQ centimes

ABONNEMENTS

SEINE ET SEINE-ET-OISE ... 2 fr. 3 fr
DÉPARTEMENTS ... 2 fr. 4 fr
ÉTRANGER ... 2.50 5 fr

Dixième année   DIMANCHE 27 AOUT 1899   Numéro

A las 6:30 de la mañana del 14 de agosto de 1899, el abogado Labori recibe un disparo por la espalda por un antidreyfusista, huyó al grito: «*Acabo de matar a un Dreyfus*»

Dixième année. — N° 454.   Huit pages : CINQ centimes.   Dimanche 27 Août 1899.

LE PROGRÈS ILLUSTRÉ

Léon DELAROCHE Fondateur   Supplément littéraire du « PROGRÈS DE LYON »   *Léon DELAROCHE Fondateur*

ABONNEMENTS			ADMINISTRATION ET RÉDACTION	LES ANNONCES
	PIX MOIS	UN AP	85, Rue de la République, 85	sont reçues directement aux Bureaux du Journal
Lyon, Rhône et limitrophes	2 f. »	31.50	ADRESSER LES CORRESPONDANCES ET ABONNEMENTS	ET DANS TOUTES LES AGENCES DE PUBLICITÉ
Hors de ces départements	2 50	4 50	A M. L'ADMINISTRATEUR	De France et de l'Étranger.

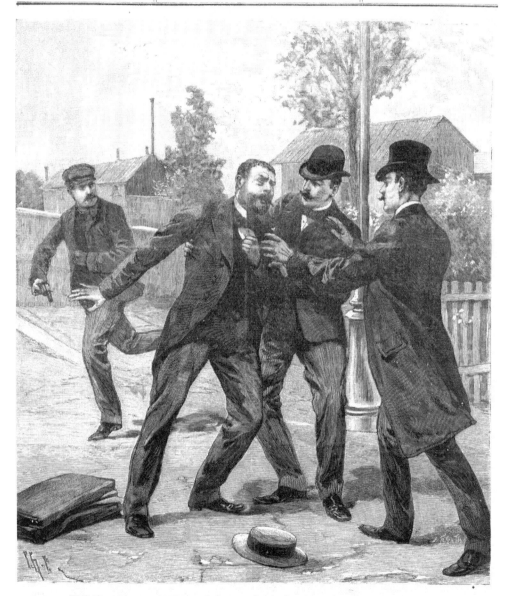

TENTATIVE D'ASSASSINAT SUR M° LABORI

El teniente coronel Picquart y su primo Gast acompañan a Labori cuando recibe el disparo por la espalda

L'ILLUSTRATION

Prix du Numéro : 75 centimes.　　　　SAMEDI　19　AOUT　1899　　　　57ᵉ Année. — Nᵒ 2947

ATTENTAT CONTRE M. LABORI, A RENNES. — L'arrivée des secours. (Voir l'article, page 116.)

Los primeros momentos del atentado se teme lo peor, la herida parece de extrema gravedad

LA VIE ILLUSTRÉE

Labori recibe los primeros auxilios, mientras que la multitud se agolpa alrededor del abogado. Al día siguiente, los médicos anuncian que la bala está alojada entre su quinta y sexta costilla y que se encuentra fuera de peligro, con la esperanza de una pronta recuperación

Onzième année. — N° 551.   Huit pages : CINQ centimes   Dimanche 27 Août 1899.

Le Petit Parisien

SUPPLÉMENT LITTÉRAIRE ILLUSTRÉ

TOUS LES JOURS
Le Petit Parisien
5 CENTIMES.

DIRECTION: 18, rue d'Enghien, PARIS

TOUS LES JEUDIS
SUPPLÉMENT LITTÉRAIRE
5 CENTIMES.

(Voir à l'intérieur de ce numéro une gravure représentant « L'Affaire Dreyfus à Rennes ».)

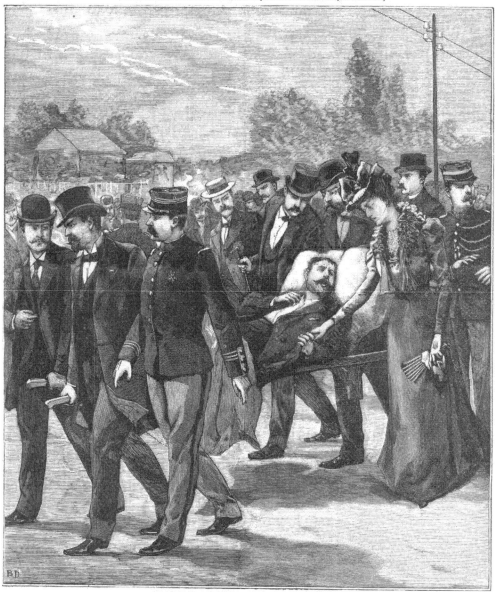

L'ATTENTAT CONTRE M° LABORI A RENNES
LE TRANSPORT DU BLESSÉ
El abogado es trasladado de urgencia al hospital

THE ILLUSTRATED LONDON NEWS.

REGISTERED AT THE GENERAL POST OFFICE AS A NEWSPAPER.

No. 3149.—VOL. CXV. SATURDAY, AUGUST 26, 1899. SIXPENCE.

Labori se recupera en su casa junto a su esposa y su secretario mientras estudia el juicio de Dreyfus

17 y 18 de agosto. Declaración del teniente coronel Picquart

La declaración de Picquart se celebra durante los días 17 y 18 de agosto. El último día se extiende cinco horas que termina en un enfrentamiento con los generales Mercier y Roget; muy interesante la observación de Paléologue cuando dice:

«*Con el tono agrio y brutal en que se expresan los dos generales, mido todo el odio que el Sr. Picquart suscitó entre sus antiguos camaradas. Cosa extraña y que noté muy a menudo es que Dreyfus no es objeto de odio para los oficiales; hablan de él con una severidad fría o despectiva, pero sin ira y, a veces, incluso con piedad. En cuanto a Picquart, el solo nombre de este renegado los hace saltar; lo detestan, lo aborrecen, lo maldicen hasta la furia. Saliendo de la audiencia, cuando veo a Dreyfus, incriminado por sus gendarmes que lo devuelven a la prisión militar, su deterioro físico y el terrible desgaste de toda su persona me recuerda un pensamiento de Henrich Heine: "El judaísmo no es una religión, es una desgracia"*» (Paléologue, 1955, p. 220)

El coronel Picquart declara ante Tribunal del consejo de guerra

LA TRIBUNA ILLUSTRATA

della Domenica

ABBONAMENTI

Nel Regno . . . . Anno L. 5 —
All'Estero   »   » 7,50

Il numero cent. 10
(Tiratura: 125,000 copie).

ANNO VII   Roma, Domenica, 27 agosto 1899   N. 3

IL PROCESSO DREYFUS — LA DEPOSIZIONE DEL COLONNELLO PICQUART.

El teniente coronel Picquart declara ante el Tribunal de Rennes donde explica de forma meticulosa el análisis del «dosier secreto» de 1894, informa que ninguno de los documentos comprometía a Dreyfus

HUITIÈME ANNÉE Nº 36   5 CENTIMES LE NUMÉRO   BRUXELLES, 3 SEPTEMBRE 1899

LE NATIONAL ILLUSTRÉ

ADMINISTRATION :

Ixelles, 12, Montagne-aux-Herbes-Potagères

SOMMAIRE. — Gravures : L'affaire Dreyfus : Un incident du procès de Rennes. — Le porteur de bonnes nouvelles. — Caricatures.

Texte : Petite chronique. — La mandoline. — Industrie des bicycles en Amérique. — Le lot. — L'embuscade. — Les maladies amusées. — Un avis de cinq francs. — La dernière. — Les aventures de Fanchon (suite). — Le retour. — L'immortalité après la mort. — L'albatros. — Une scène de fou rire. — Les boîtes à musiques. — Nos gravures.

ABONNEMENTS

BELGIQUE . . . . . . par an fr. 8
UNION POSTALE . . .   »   » 4

L'Affaire Dreyfus. — Un incident du procès de Rennes

Le général Roget à Picquart : Ce que vous dites-là est faux !

El general Roget interrumpe la declaración de Picquart y lo acusa: *"Lo que usted dice es falso"*

20 de agosto. Disturbios y enfrentamientos en París

LE MONDE ILLUSTRÉ

JOURNAL HEBDOMADAIRE

ABONNEMENT POUR PARIS ET LES DÉPARTEMENTS | 43ᵉ Année — Nᵒ 2215 — 26 Août 1899 | DIRECTION ET ADMINISTRATION, 13, QUAI VOLTAIRE

un, 24 fr. ; — Six mois, 13 fr. ; — Trois mois, 7 fr. ; — Un numéro 50 c.
Le second semestriel, 12 fr. broché. — 17 fr. relié et doré sur tranche.
ÉTRANGER (Union postale) : Un an, 27 fr. ; — Six mois, 14 fr. ; — Trois mois, 7 fr. 50

Directeur : M. EDOUARD DESFOSSES

Toute demande d'abonnement non accompagnée d'un bon sur Paris ou sur la poste, toute demande de numéro à laquelle ne sera pas joint le montant en timbres-poste, seront considérées comme non avenues. — On ne répond pas des manuscrits et des dessins envoyés.

PARIS. — LE PILLAGE DE L'ÉGLISE SAINT-JOSEPH. — (Dessin de M. BRUN.)

El 20 de agosto de 1899 el director del periódico anarquista *Le journal du peuple*, Sébastien Faure, convoca una manifestación en apoyo a la absolución de Dreyfus en la plaza de la República de París. Inmediatamente, el director del periódico *L´Antijuif* Jules Guerin, organiza una contramanifestación antidreyfusista. Este hecho provoca una batalla violenta entre los dos bandos, con el resultado de cientos de heridos y el saqueo y la profanación de la iglesia de San Joseph.

■ 268 ■ Supplément illustré du Petit Journal

BAGARRES A PARIS
Pillage de l'église Saint-Joseph
Batalla campal en París entre dreyfusistas y antisemitas que acaba con el saqueo de la iglesia de San Joseph

25 de agosto. Comienza la exposición de los peritos calígrafos

LA TRIBUNA ILLUSTRATA
della Domenica

ABBONAMENTI
Nel Regno . . . . Anno L. 5 —
All' Estero . . . . . . » » 7.50

Il numero cent. 10
(Tiratura: 125,000 copie).

ANNO VII — Roma, Domenica, 3 settembre 1899 — N. 36

AL PROCESSO DI RENNES — IL MIRABOLANTE PERITO BERTILLON!

El perito Bertillon muestra al Tribunal las fotografías y los diagramas de su intrincada teoría

El 25 de agosto comienza la intervención de los expertos en escrituras, el primero en declarar propuesto por la defensa es el experto del Banco de Francia Alfred Gobert; en su intervención se mantiene en la misma línea del primer consejo de guerra, afirma sin género de dudas que la letra del *bordereau* no es de Dreyfus y amplia sus conclusiones atestiguando que ha sido escrito por el comandante Esterhazy.

Seguidamente, interviene Bertillon, la impresión de Paléologue, dice así:

«Audiencia interminable de peritos calígrafos, incluido el famoso Bertillon, jefe del servicio de identidad judicial en la comisaría. Ingenioso, erudito y de perfecta rectitud, Bertillon ciertamente no goza de su plena razón. Todo su argumento no es más que una larga red de absurdos que se deducen unos de otros, se enredan unos en otros, se consolidan y se verifican entre sí. Su vocabulario parece extraído de un grimorio taumatúrgico. Finalmente, sus ojos alucinados, su voz cavernosa, el oscuro magnetismo que exhala de toda su persona, le dan el aspecto de un nigromante...»
(Paléologue, 1955, pp. 229-230)

Bertillon muestra sus láminas fotográficas donde explica su confusa teoría sobre la autofalsificación

M. Bertillon déposant devant le Conseil de guerre de Rennes

Durante su ratificación, Bertillon es víctima de bromas por su metodología empleada, a pesar de las burlas del público, persevera por explicar su embrollada teoría con el apoyo de gráficos, composiciones fotográficas, diagramas y otros medios

Bertillon se esfuerza para convencer al Tribunal sobre su estudio inventado y los resultados que arroja esta teoría por medio de numerosas y variadas fotografías, diagramas, gráficos y composiciones. El diplomático Paléologue, lo vive así:

«Cautivado, si no fascinado por el gran dispositivo de su demostración...
Bertillon se debate en la plataforma como un exorcista, desplegando ante nosotros sus dibujos fantasmagóricos; me pregunto si este medio loco no habrá descubierto inconscientemente una de las leyes generales a las que obedece toda escritura, por ejemplo, el automatismo de ciertos ritmos en este trasfondo de verdad positiva, su imaginación descarriada daría rienda suelta. Como un astrólogo del siglo XV que, en sus meditaciones apocalípticas, hubiera anticipado vagamente las leyes de Kepler y que hizo de ellas la base de sus horóscopos. Para relajarme de esta laboriosa audición, de la que salí con los sesos llenos de humo, paseé con Carrière por el jardincito de flores de la oficina». (Paléologue, 1955, p. 230)

M. Bertillon déposant.

Durante la declaración, Bertillon expone su teoría con una base imaginativa, totalmente subjetiva, tal y como se aprecia en sus soberbias y locuras palabras:

«*No me importa la escritura de Esterhazy. La letra del* bordereau *es una escritura realizada sobre una plantilla y la escritura en una plantilla no es una invención específica del acusado, sino una invención, un secreto de cancillería que se comunicó a varios espías al mismo tiempo con el fin de que, si la desgracia le sucediera a uno, uno podría ser sustituido por el otro*». (Mornard, 1907, p. 284)

Según Bertillon, su método consiste en el hecho de que se ha empleado una plantilla para fabricar el *bordereau*, este molde se coloca debajo del papel cebolla, y permite la copia de una escritura geométrica sujeta a las leyes determinadas por esta plantilla. El análisis preciso de la escritura del *bordereau* revelará las coincidencias y las marcas que indican una escritura no espontánea. El *bordereau* se convierte, en una palabra, en un documento "falsificado". El autor de esta falsificación es Dreyfus, porque la clave de esta escritura geométrica es la palabra «interés» encontrada en una carta incautada a Dreyfus, palabra que, por la medida de sus letras, presenta particularidades extraordinarias.

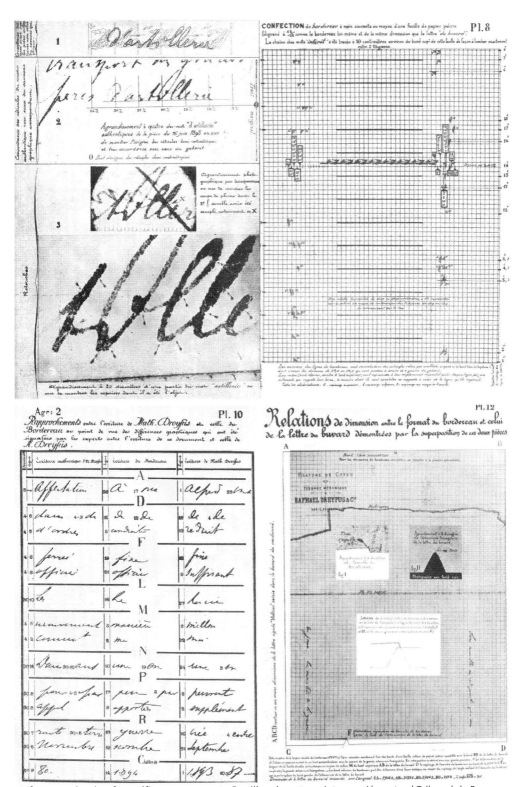

Diferentes planchas fotográficas que presenta Bertillon durante su intervención ante el Tribunal de Rennes

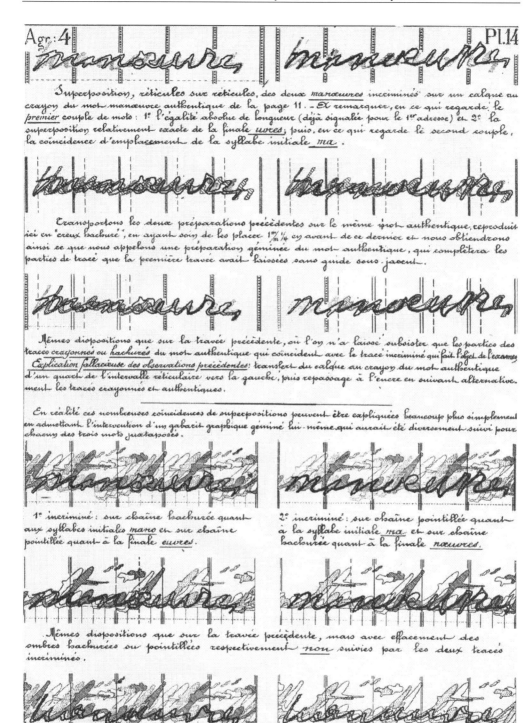

Superposición de la palabra "maneuvres", plancha 14 del sistema inventado por Bertillon

Bertillon recibe duros ataques de los académicos por el uso de unas planchas fotográficas engañosas, presentadas como prueba científica irrefutable que, sin embargo, están realizadas sin rigor y con evidentes errores de precisión.

Destacados y respetados representantes científicos franceses, reprochan este sistema inventado y afirman lo siguiente:

«Fisiólogos muy particularmente autorizados según el mismo Sr. Bertillon también han hecho su contribución a la manifestación de la verdad en un punto especial.

En una memoria publicada en 1898 por la Revue Scientifique, *el Sr. Bertillon declaró que, según su conocimiento, los Srs. Javal y Héricourt son los únicos eruditos que han estudiado la fisiología de la escritura.*

Ahora bien, estos dos eruditos, el doctor

Plancha fotográfica de Bertillon donde aplica el estudio y los valores Kutschique

Émile Javal de la Academia de Medicina y el doctor Héricourt, director del Laboratorio del Departamento de Fisiología de la Facultad de Medicina, también se pronuncian sin vacilar en contra del sistema del Sr. Bertillon y han enviado a la fiscalía general un breve aviso con documentos de respaldo, en el que establecen que la placa XIII del folleto verde (presunto facsímil de la escritura Kutschic trazada en Rennes por Bertillon en su plantilla) es una grosera falsificación...

Bertillon había distribuido a los jueces fotografías hechas con anticipación de especímenes de escritos obtenidos, usando su plantilla. Obviamente, son estas fotografías las que se distribuyeron en Rennes a los periodistas.

La falsedad de las placas adheridas al folleto de vidrio, ya destacada por Painlevé, se presenta aquí con aún más relieve, porque se revela muy claramente el proceso de falsificación empleado. La placa XIII del "folleto verde", si fuera auténtica, en realidad no habría probado nada, ya que, como el propio Sr. Bertillon tuvo que admitir ante los expertos, hubo sobre todo, en la experiencia que él hizo en Rennes, un ejercicio de pura memoria. Pero es interesante revelar aquí una vez más, una maniobra fraudulenta consistente en amañar los resultados del experimento del Sr. Bertillon en Rennes, para engañar a la opinión pública, y sin duda, también para sorprender a la religión de la Corte Suprema.

Los autores y aprobadores sabían que los cálculos, las medidas, las tablas, todo estaba falsificado en este folleto. Todavía era solo la fabricación de una falsificación. contra el oficial judío para engañar a la justicia y a la opinión pública». (Mornard, 1907, pp. 331-332)

26 de agosto. Continuación de los peritos calígrafos

El capitán Valerio interviene como uno de los discípulos de Bertillon, declara ante el Tribunal a favor de los análisis y resultados de su jefe y afirma la validez de la teoría de Bertillon. Asegura que Esterhazy no puede ser el autor del *bordereau* y concluye que gracias a Bertillon, el Tribunal tiene pruebas materiales de la culpabilidad de Dreyfus. Detalla: «*Si me preguntan si el* bordereau *es la letra del comandante Esterhazy, le diremos, no, porque se ha demostrado perentoria y geométricamente que el* bordereau *es un documento falsificado*».

Capitán Valerio

Valerio añade que la única forma de que Esterhazy podía haber escrito el *bordereau* sería trazando la escritura de Dreyfus.

Mathias George Paraf-Javal

Seguidamente, a solicitud de la defensa interviene el inspector de navegación, profesor de ciencias, escritor y grabador Georges Mathias Paraf-Javal que refuta el sistema, los análisis y resultados obtenidos a través de la ilusoria metodología de Bertillon; demuestra con la ayuda de una pizarra que la pseudo-ciencia de Bertillon es una suma de incoherencias, falacias y absurdos, plagada de errores de medición y en consecuencia, un resultado falso.

El Tribunal examina las láminas de Bertillon

Incidente entre Freystaetter y Maurel

LA TRIBUNA ILLUSTRATA
della Domenica

ABBONAMENTI
Nel Regno . . . . Anno L. 5 —
All' Estero . . . . » » 7.50

Il numero cent. 10
(Tiratura: 125,000 copie).

Anno VII   Roma, Domenica, 10 settembre 1899   N. 37

Al processo di Rennes — Il capitano Freystaetter confonde il colonnello Maurel.

Dos de los jueces que actuaron en el consejo de guerra de 1894, el capitán Freystaetter y el coronel Maurel se enfrentan en una dura discusión sobre el contenido del «dosier secreto»

THE ILLUSTRATED LONDON NEWS

REGISTERED AT THE GENERAL POST OFFICE AS A NEWSPAPER.

No. 3150.—VOL. CXV.　　SATURDAY, SEPTEMBER 2, 1899.　　SIXPENCE.

El capitán Freystaetter, interviene como uno de los jueces en el primer consejo de guerra de 1894, admite en su declaración que su creencia en la culpabilidad de Dreyfus se basó especialmente en el «dosier secreto», reconoce la profunda impresión que este causó en él y en los demás jueces; describe los documentos incluidos en el expediente, alegando que uno de ellos era la traducción falsificada del telegrama de Panizzardi. El coronel Maurel (presidente del primer Consejo) refuta inmediatamente esta afirmación; explica que solo le interesó uno y el resto los ignoró; Freystaetter mantiene que Maurel leyó y comentó todos los documentos; mientras, el general Mercier interviene negando que el telegrama falsificado estuviera en el dosier.

28 de agosto. continuación de los peritos en escrituras

Los peritos Couard, Belhomme y Varinard escuchan la intervención de uno de los peritos en la Sala

Teyssonieres

Teyssonières ratifica su informe presentado en el primer consejo de guerra y mantiene que la escritura del *bordereau* presenta todas las características de un disfraz y que Dreyfus es el autor según el sistema de Bertillon.

Los tres peritos Couard, Belhomme y Varinard que estudiaron el *bordereau* y actuaron en el proceso contra Esterhazy, se mantienen firmemente en la misma línea y determinan con mayor convicción que: «La escritura del *bordereau* no es ni franca ni natural», señalan «Inconsistencias de todo tipo», afirman que esta escritura tiene «Las vacilaciones, repeticiones, restricciones que son indicios de fraude». Aseguran que las repeticiones de las palabras del *bordereau* son idénticas y parecen copiadas de la misma matriz.

Los peritos plantean la hipótesis de que el autor del *bordereau* ha querido ocultar su personalidad tras la de Esterhazy, según ellos, ciertas formas de escritura del anónimo reproducen cuidadosamente la letra de Esterhazy y concluyen: «El *bordereau* es una burda imitación de la escritura de Esterhazy, pero no es la suya».

Titular del periódico *L´Aurore* relatando la deposición del experto Etienne Charavay

El perito en escrituras Charavay declara ante el Tribunal de Casación que tenía serias dudas de la conclusión en su informe de 1894, así lo recoge en el diario *L´Aurore*:

«*En 1894, el* bordereau *fue sometido, como sabemos, al examen de cinco peritos, entre ellos, los Sres. Gobert y Pelletier, afirmaron que no fue de la mano de Dreyfus. Otros dos, Sres. Teyssonnieres y Bertillon, emitieron una opinión contraria; el Sr. Teyssonnières, así como algunas de sus desventuras que todo el mundo sabe, quitan todo valor a su opinión. En cuanto al Sr. Bertillon, basó su demostración en un dibujo de una fortaleza que, por sí solo, basta para mostrar hasta qué punto el equilibrio de las facultades mentales está perturbado en este auxiliar de policía.*

El quinto perito de 1894 fue el Sr. Charavay. También concluye que la letra del bordereau *es idéntica a la de los documentos comparativos que le habían sido entregados, pero con una restricción cuyo significado exacto se encuentra aquí: "Ciertas analogías existen entre estos dos escritos, y la pieza eminente es del mismo individuo, o de su doble.*

El bordereau*, por otro lado, es similar a la escritura actual de Esterhazy; presenta características indiscutibles de similitud. Está aún más cerca de la escritura de Esterhazy que de la de Dreyfus. Observa, entre otras cosas, que la escritura normal de Esterhazy posee varias de las características peculiares de la escritura de Dreyfus; las analogías son sorprendentes y pueden explicarse, además, por la educación, la instrucción casi idéntica recibida por los dos individuos, que los induce tanto a hablar como a escribir el idioma alemán*

El señor Charavay recuerda que admitió, en 1894, la posibilidad de un calco, la existencia de un "doble"; este "parecido" puede estar perdido ahora, hoy la duda es necesaria y que no puede, sin una pericia, concluir sobre el autor del bordereau*.*

Se me mostró, en 1894, ciertos documentos sobre los cuales saqué conclusiones; pero si se me presentan nuevos documentos y si invalidan mi primer juicio, no dudaré en reconocer mi error. Hoy, en mi alma y conciencia, debo declarar que no confirmo sus conclusiones del informe de 1894 y que sería necesaria una nueva revisión para mantenerlas o invalidarlas».

Después de la declaración de Teyssonnières, le corresponde el turno al tercer perito Étiene Charavay, que intervino en el primer consejo de guerra y concluyó, junto a Bertillon y Teyssonnières que el *bordereau* había sido escrito por Dreyfus.

Charavay con gran expectación, invalida su conclusión inicial a la que llegó y ratificó ante el primer consejo de guerra, pronuncia estas palabras:

«Quiero declarar esto, que en 1894, engañado por un parecido gráfico, me equivoqué al atribuir la pieza llamada bordereau *al autor de un escrito anónimo que era del capitán Dreyfus.*

Habiendo encontrado un nuevo elemento de escritura, reconozco mi error y para mí, es un gran alivio de conciencia poder, frente a ustedes, señores, y muy especialmente frente a quien fue víctima de este error, declarar que me equivoqué en 1894». (Bredin, 1983, p. 530)

Charavay ratifica ante el Tribunal

Charavay añade: «*He reconocido mi error y después de estudiar todas las piezas considero que la escritura del* bordereau *no es de la mano de Dreyfus, sino que es la letra del mayor Esterhazy*».

Charavay asiste al consejo de guerra debilitado por su mala salud, arrastra una grave enfermedad, pero necesita enmendar abiertamente su error y pedir perdón por el daño causado a la familia, a Francia y especialmente al capitán Dreyfus por las consecuencias de su equivocación; Dreyfus lo perdona públicamente y agradece su rectitud, ética y honestidad, consciente del sacrificio que supone reconocer ante un Tribunal su culpa y las consecuencias que conlleva.

Poco después de volver del juicio de Rennes, muere el 2 de octubre de 1899, a los 51 años, con la mente tranquila de llegar a tiempo para declarar y enmendar su error.

Etienne Charavay

Claude Maurice Bernard

El conocido ingeniero de minas y antiguo alumno de la Escuela Politécnica Maurice Bernard interviene a propuesta de la defensa para desacreditar con autoridad el sistema creado por Bertillon; lo primero que afirma es que su sistema tiene el raro mérito de haberlo hecho de manera inteligible. Manifiesta que este conjunto de hallazgos lleva, para el Sr. Bertillon y sus asociados, a la convicción matemática de que el *bordereau* fue forjado sin importar quién, cómo y con qué propósito.

Bernard plantea estas cuestiones: «*¿Por qué el* bordereau *se ha falsificado? ¿Por qué un traidor se entrega a tan prodigiosos disimulos, cuando le hubiera bastado pura y simplemente disimular su escritura?*».

La respuesta de Bertillon a estas cuestiones es muy confusa, pero además, según Bernard, rigurosamente contradictoria cuando Bertillon declara:

«*El escritor del* bordereau *actuando así, ha tenido el objetivo de llegar a hacer rápidamente un documento falsificado, de modo que si hubiera sido arrestado en flagrante delito, podría haber demostrado geométricamente que el documento fue falsificado y que, en consecuencia, fue víctima de un complot. Esto es lo que los abogados penalistas llaman una coartada para la persecución. Pero, por otro lado, el hecho de escribir tomando como guía un modelo subyacente, al demorar suficientemente el ritmo natural de su mano, le permite en conjunto disimular suficientemente su escritura. por lo que al mismo tiempo podía, si las circunstancias del arresto hacían impresentable la coartada de la maquinación, simplemente negar su escrito*». (Mornard, 1907, p. 304)

Bernard certifica en su intervención ante el Tribunal, que el *bordereau* no ha sido forjado según el informe de Bertillon; todas las conclusiones que se obtienen de la inexistente «falsificación» contra Dreyfus, caen por sí solas.

M. Gobert.   M. Charavay.   MM. Paul Meyer et Varinard.   M. Bertillon.

Los peritos en escrituras Gobert, Charavay, Meyer, Varinard y Bertillon atentos a la intervención en Sala

Le série des experts. 1. MM. Couard et Varinard. — 2. M. Gobert. — 3. M. Paraf-Javal. — 4. MM. Giry et Meyer. — 5. M° Labori. — 6. M. Pelletier. — 7. M. Bertillon, déposant. — 8. M. Chara

LE PROCÈS DE RENNES. — Croquis d'audience de M. Maurice FEUILLET.

Algunos de los expertos en escrituras durante el juicio: Couard, Varinard, Gobert, Paraf-Javal, Giry, Meyer, Pelletier, Bertillon y Charavay. Al centro el abogado Labori

30 de agosto. Continuación de los peritos en escrituras

El 30 de agosto intervienen tres expertos, grandes eruditos franceses, Paul Meyer, profesor del Colegio de Francia; August Molinier, profesor de la Escuela de Chartes y Giry profesor de la Escuela de Chartes y la Escuela de Altos Estudios.

Los tres académicos, con la misma contundencia que actuaron en la declaración del juicio de Zola, invalidan los resultados de la metodología empleada por Bertillon, demuestran la cadena de errores de su teoría y declaran de forma categórica que la escritura del *bordereau* ha sido escrita por Esterhazy.

Ratificaciones de los peritos Paul Meyer, August Molinier y Arthur Giry

1 de septiembre. Declaración de peritos y testigos

General Sebert

El acreditado científico Hippolyte Sebert, militar con el rango de general de brigada, miembro de la Academia de Ciencias, evalúa la «demostración» de Bertillon en los siguientes términos:

«En el examen que hice de ella, adquirí fácilmente la prueba de la inutilidad de esta demostración.

Me duele expresar un juicio tan severo sobre un hombre cuyo nombre queda ligado a la aplicación de un notable método antropométrico que debemos al genio de su padre, para un nombre que todavía tan dignamente llevan sus dos hermanos; pero la ciencia no se compromete, en los principios, y debo a mi situación declarar que la ciencia francesa no puede encubrir con su autoridad invenciones fantasiosas, como las que ha traído aquí el Sr. Bertillon, bajo el manto de teorías científicas». (Leblois, 1924, p. 169)

El general Sebert demuestra de manera extensa que las inexactitudes y la imprecisión en las expresiones del *bordereau* indican que no han podido ser escritas por un oficial de artillería o un oficial que hubiera estudiado en la Escuela Politécnica.

Por otra parte, el teniente Fernand-Lucien Bernheim afirma que entregó a Esterhazy un libro sobre disparos que nunca le fue devuelto. Otro teniente, Louis-Joseph Bruyère testifica que dado que el manual de tiro de la artillería de campo ya estaba en circulación en 1894, la información sobre el cañón corto de 120 mm se podía haber obtenido con bastante facilidad, incluso por oficiales que no pertenecían a la artillería; además, el capitán Julien Carvalho confirma que no se tomaron las medidas especiales para mantener en secreto el mecanismo del cañón de 120 mm.

Los peritos Gobert, Valerio y Bertillon atentos a las declaraciones ante el Tribunal

2 y 4 de septiembre. Declaración de peritos y testigos

El 2 de septiembre declara el reconocido latinista y helenista, Louis Havet, profesor de filología latina del Colegio de Francia y de la Universidad de la Sorbona. En su declaración demuestra que desde un punto de vista de la gramática y la lingüistica, el *bordereau* pertenece al estilo epistolar de Esterhazy más que al de Dreyfus.

El 4 de septiembre interviene a solicitud de la defensa el distinguido matemático francés Paul Painlevé, doctor en Ciencias, profesor de la Escuela Politécnica y de la Escuela Normal Superior, para estudiar el sistema creado por Bertillon.

Paul Painlevé

Painleve demuele la teoría de Bertillon, con el apoyo de otro destacado matemático, Henri Poincaré que condena de forma unánime el sistema como «totalmente erróneo», Poincaré dice:

«En resumen, los cálculos del Sr. Maurice Bernard son correctos; los del Sr. Bertillon no lo son. De ser así, ninguna conclusión sería legítima por ello...
Nada de esto tiene carácter científico, y no puedo entender sus preocupaciones. No sé si el acusado será condenado, pero si lo es, será por otras pruebas. Es imposible que tal argumento haga alguna impresión en hombres imparciales que han recibido una sólida educación científica». (Leblois, 1929, p. 170)

Painlevé expone ante el jurado lo intrincado y fantasioso del sistema de Bertillon, una teoría carente de cualquier sustento científico, que se expresa así:

«Según el Sr. Bertillon, Dreyfus imaginó estas maquiavélicas complicaciones para prevenir en el caso de que le quitaran el bordereau. *Entonces habría alegado que esta pieza, sin duda, había sido introducida en su casa por un enemigo que la habría hecho siguiendo su letra. Las coincidencias que los peritos habrían notado entre el* bordereau *por un lado, la letra del secante y la auténtica por otro, habrían confirmado la hipótesis de un complot.*
Este medio de defensa, inventado desde cero por Sr. Bertillon, añade, digámoslo, por raro que parezca. Para lograr su objetivo, Dreyfus solo tuvo que escribir el bordereau *con una letra oculta, otras naturales, mientras insertaba en él algunas palabras aparentemente copiadas y calcadas de palabras de su puño y letra...*
En lugar de eso, ¿qué hace Dreyfus, según el Sr. Berlillon? No oculta su letra (ya que es precisamente un parecido gráfico lo que le hace sospechar), pero emplea para fabricar el bordereau *un proceso tan sutil que todos los expertos, en 1894, viendo una escritura natural para detectar la "falsificación", se necesita la adivinación "geométrica" y el modo inusual de pericia del Sr. Bertillon. En una palabra, Dreyfus falsifica el* bordereau *para que el carácter artificial del documento sea evidente y lo salve, pero al mismo tiempo emplea trucos asombrosos para que la falsificación sea imposible de ver, este es el sistema del Sr. Bertillon».* (Mornard, 1907, p. 320)

Testigos, militares y personalidades

1. Le colonel Jouaust. — 2. M. Casimir Perier, le général Billot, le général Mercier. — 3. Le commandant Carrière. — 4. Le capitaine Dreyfus et M⁰ Demange. — 5. Déposition de Mme veuve Henry. — 6. Mme veuve Henry. — 7. M. Cavaignac. — 8. Le général Zurlinden.

LE PROCÈS DE RENNES, Croquis d'audience, par M. Maurice FEUILLET.

Testigos que intervienen en el juicio: coronel Jouaust, expresidente Casimir Perier, generales Billot y Mercier, fiscal Carriére, Dreyfus, la viuda de Henry, exministro Cavaignac y el general Zurlinden.

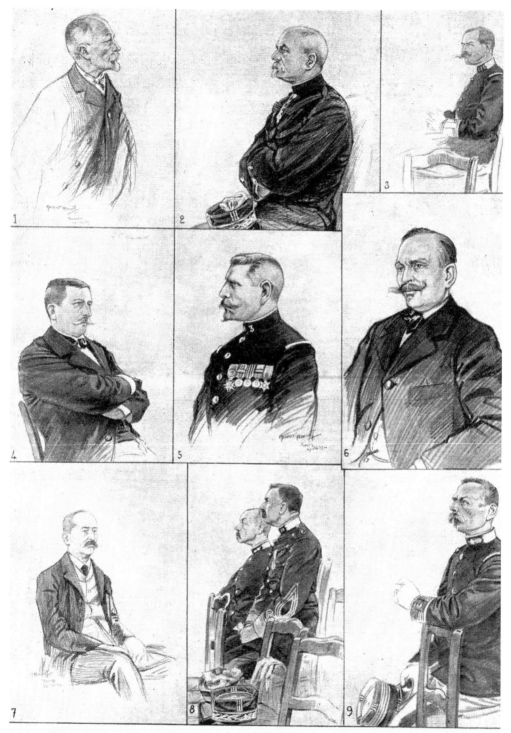

1. M. Jules Roche. — 2. Général Gonse. — 3. Capitaine Lerond. — 4. Lieutenant-Colonel Picquart. — 5. Capitaine Freystaetter. — 6. M. Bertulus. — 7. M. Mertian de Muln — 8. Colonel Jeannel et Capitaine Besse. — 9. Commandant Cuignet.

LE PROCÈS DE RENNES. — Croquis d'audience de M. Maurice FEUILLET.

Diferentes testigos que intervienen en el juicio, destaca el general Gonse, Picquart, el capitán Freystaetter, el juez Bertulus y el capitán Cuignet (descubridor del «falso Henry»)

Distintos momentos que se producen durante el consejo de guerra en Rennes

Diversas escenas alrededor del consejo de guerra

LA VIE ILLUSTRÉE

M. Mathieu Dreyfus.   Généraux Mercier et Saint-Germain.   Lieutenant-colonel Picquart et M. Stock.   MM. Bonnamour et Bertillon.

MM. Teyssonières, Varinard, Couard et Belhomme.   M. Forzinetti.   M. Coupois, greffier.   G¹ Deloye, Colonel Jouaust, M° Labori, Général Roget.

G¹ Lebelin de Dionne, Colonel Jouaust, G¹ Deloye, G¹ Chamoin.   Commandant Carrière et Lieut.-colonel Bertin.   Général de Boisdeffre et M. Paléologue.

L'AFFAIRE DREYFUS A RENNES. (Voir page 392).   (Phot. Gerschel).

THE ILLUSTRATED LONDON NEWS, Aug. 19, 1899.— 244

THE RE-TRIAL OF CAPTAIN DREYFUS: SOME NOTABLE WITNESSES.

M. CASIMIR-PÉRIER.

GENERALS CHANOINE AND MERCIER.

Among the portraits of prominent witnesses in the Dreyfus case one of the most noteworthy is that of ex-President Casimir-Périer, whose evidence was taken early in the present trial and was the first which may be termed "sensational." Casimir-Périer, it will be remembered, held office for a brief space after the assassination of President Carnot. His sudden resignation he has now shown to have been intimately connected with the famous "affaire." Of Generals Chanoine and Mercier, who are represented in close conference, the former was Minister of War during September and October of last year. He is closely attached to Zurlinden; his methods—witness his resignation in the Chamber—have been theatrical. General Mercier was Minister of War from November 1893 to January 1895. He is, perhaps, the bitterest foe of Dreyfus, against whom he produced the secret evidence at the first court-martial. General Boisdeffre was Chief of the General Staff during the first prosecution. He resigned because he was deceived by Henry. Esterhazy's subterfuges are all well known to him. General Gonse was Colonel Picquart's immediate superior, and is his enemy. He is a bitter anti-revisionist and supporter of Esterhazy. M. Cavaignac has been Minister of War twice since the condemnation of Dreyfus. He is the cousin of Paty de Clam, and he it was that announced Henry's forgery, despite which he firmly believes in the guilt of Dreyfus.

GENERAL GONSE.

M. CAVAIGNAC.

GENERAL BOISDEFFRE.

Periódico londinense mostrando algunos destacados testigos entrando al consejo de guerra: el expresidente Casimir-Périer, los generales Chanoine, Mercier, Gonse y Boisdeffre, y el exministro Cavaignac

L'Instantané

SUPPLÉMENT ILLUSTRÉ DE LA REVUE HEBDOMADAIRE

2ᵉ Année. Nº 41   2ᵉ semestre   9 Septembre 1899

L'Instantané

SUPPLÉMENT ILLUSTRÉ DE LA REVUE HEBDOMADAIRE

2ᵉ Année. Nº 42   2ᵉ semestre   16 Septembre 1899

L'AFFAIRE DREYFUS

186. — Mᵉ DEMANGE

198. — MM. MAURICE BARRÈS, JULES LEMAITRE, Cᵗᵉ VALÉRIO

L'AFFAIRE DREYFUS

187. — OFFICIERS MEMBRES DU CONSEIL DE GUERRE
Dans la cour du lycée de Rennes

Demange en portada y diferentes escenas en el patio donde se celebra el consejo de guerra

1. M. Mathieu Dreyfus complimenté par ses amis après la déposition du Capitaine Freystætter. — 2. Transport des papiers de M'. Bertulus. (En cycliste, M. Philippe Dubois, de l'Aurore.)
— 3. M° Demange — 4. Le Préfet d'Ille-et-Vilaine félicitant M° Labori après sa première sortie. — 5. M. Bertulus.

LE PROCÉS DE RENNES.
(D'après les instantanés de M. GRIBAYÉDOFF, notre envoyé spécial.)

1. Commandant Ducros et Commandant Hartmann. — 2. Colonel Guérin et Commandant Cuignet, commentant la déposition de M. de Cernuski. — 3. Général de Boisdeffre et M. Judet,
rédacteur en chef du Petit Journal. — 4. Capitaine Carvalho et Lieutenant Bernheim; M. Hadamard, appuyé sur son parapluie.
— 5. Colonel Jouaust — 6. M. de Cernusky et M. Bonnamour, de l'Echo de Paris. — 7. Capitaine Lebrun-Renaud. — 8. M. Trarieux et M. Gast.

LE PROCÈS DE RENNES. — Dans la cour du Lycée.

El perito Alphonse Bertillon

Mathieu Dreyfus felicita al capitán Freystaetter por su declaración

7 de septiembre. Requisitoria del comandante Carrière

LA VIE ILLUSTREE

Requisitoria del comandante Carrière

El diplomático Paléologue escribe su impresión sobre el discurso del fiscal:

«Espectáculo indescriptible el de este pobre hombre, con el cráneo hundido, los ojos pequeños y muy abiertos, la voz alternativamente sepulcral y aulladora, con gestos bufonescos. La mentira que nos inflige durante hora y media es tan absurda, amorfa, dislocada, babosa, torcida, que veinte veces los taquígrafos, sin entender ya nada, dejan la pluma con desánimo. Cuando trato, por un momento, de olvidar la tragedia de la situación, creo que tengo a Polichinelle o a Gribouille, a Jocrisse o a Turlupin (actores y personajes de comedia, famosos bufones antiguos) *frente a mis ojos. Los jueces parecen humillados.*

Por lo menos el viejo idiota no se empeñó en la elocuencia de su cháchara: Señores del Consejo, os lo declaro; Dreyfus es culpable. Solicito por tanto la aplicación del artículo 76 del código penal.

Durante nuestro almuerzo, el General Chamoin, radiante, me dijo: Después de una acusación de nulidad tan completa, la absolución de Dreyfus es indudable. Acabo de telefonear al general de Galliffet…». (Paléologue, 1955, p. 256)

LE MONDE ILLUSTRÉ

LE PROCÈS DE RENNES. — LE RÉQUISITOIRE DU COMMANDANT CARRIÈRE. — (Croquis d'audience de M. MALTESTE, notre envoyé spécial.)
El comandante Carrière pronuncia su discurso contra Dreyfus solicitando el veredicto de culpable

8 de septiembre. Alegato del abogado Edgar Demange

16 Septembre 1899   L'ILLUSTRATION   Nº 2951 — 181

El abogado defensor Demange pronuncia su alegato suplicando el veredicto de inocente

Audiencia vigesimocuarta, nada más comenzar la sesión, tiene la palabra Demange que pronuncia su alegato, según Paléologue lo describe así:

«Desarrolla su tesis durante cinco horas seguidas, además de unos minutos de descanso. Buen alegato, sin preocupación por la elocuencia o la finura, pero sólido, claro, prudente, moderado, cortés, lleno de franqueza, sentido común y piedad. Los jueces parecen conmovidos. ¿Sería por lo tanto posible la absolución... probable? No. Alea jacta es». (Paléologue, 1955, p. 257)

LE MONDE ILLUSTRÉ

uméro 48   14 Septembre 1899

LA VIE ILLUSTRÉE

Demange recalca que los jueces deben basarse solo en pruebas y su conciencia debe estar libre de dudas al dar su veredicto, pronuncia estas palabras: «*Están a punto de entrar a la sala donde harán sus deliberaciones, ¿y entonces qué se van a preguntar? ¿Si Dreyfus es inocente? No... solo tienen que preguntarse si es culpable... y oída la defensa que, aunque ciertamente impotente para esclarecer completamente el asunto, os lo creo, de un corazón honesto y convencido, ustedes se dirán a sí mismos: no sabemos. Otro pudo haber sido, y más adelante os diréis: este traidor, pero no, el escrito no es suyo... En ese momento, os lo juro, habrá duda en sus mentes. Esa duda, señores, me basta. Esa duda es un reconocimiento. Esa duda no permite que las conciencias honestas y leales digan que este hombre es culpable*».

THE ILLUSTRATED LONDON NEWS

REGISTERED AT THE GENERAL POST OFFICE AS A NEWSPAPER.

No. 3152.—VOL. CXV.   SATURDAY, SEPTEMBER 16, 1899.   SIXPENCE.

Demange concluye su alegato: «Ahora, señores del Consejo, ¡vamos! He terminado mi trabajo: ¡completen el suyo! Ruego a Dios que ilumine sus conciencias y que devuelvan a nuestro país la paz que tanto necesita!»

9 de septiembre. Alegato final y Sentencia

Se celebra la vigesimoquinta sesión pública, por fin llega el día ansiado; se refuerzan las medidas de seguridad para esta última sesión. Los soldados están parados por toda la ciudad. La guardia de infantería fuera de la sala del tribunal se cuadriplica. Se registra meticulosamente al público. Llegan personalidades de Francia y de diferentes lugares del mundo, entre ellos el presidente del Tribunal Supremo de Inglaterra, enviado por la reina Victoria.

Para conocer de primera mano el sentimiento generalizado y la tensión existente en la Sala durante el último día del Consejo, se extrae lo más destacado aprovechando la memoria escrita por el diplomático Maurice Paléologue, designado como delegado del gobierno, que se considera de gran interés por su claridad y objetividad:

«Sábado 9 de septiembre de 1899. El Sr. Demange completa su alegato, cuya muy sobria, brevísima, pero poderosa peroración por el calor del acento y la elevación del pensamiento toca visiblemente el corazón de los jueces:

"Sí, este acusado, que está ahí frente a ustedes, este mártir, yo lo proclamo inocente. Afirmo que su veredicto no será de culpabilidad, porque no solo sois hombres leales, sino ilustrados. Ahora bien, los jueces de 1894 no estaban ilustrados; no conocían la escritura de Esterhazy: ustedes la conocen. Este es el hilo común: ¡Dios os ha permitido tenerla! ... Ahora, señores del Consejo, ¡vamos! He terminado mi trabajo: ¡completen el suyo! Ruego a Dios que ilumine sus conciencias y que devuelva a nuestro país la armonía que tanto necesita!"

La resonancia moral de este razonamiento se prolonga por el hecho de que el Sr. Labori, se calma y digna por primera vez, simplemente declara: Renuncio a hablar. Como ya es mediodía y el comisario de Gobierno pretende dar una respuesta, se levanta la audiencia: se reanudará a las tres. En nuestro vestuario, donde los jueces se detienen un momento para no encontrarse con el público en las afueras de la escuela, no puedo evitar sentirme conmovedor, ver como el presidente Jouaust y el resto del Consejo, todos tienen rostros ansiosos, pupilas oscuras y la tez pálida.

¡Míralos! me dijo Chamoin ¡Míralos! ¡Con ese aspecto, no condenarán! ¡Que Dios te escuche!, respondí». (Paléologue, 1955, p. 260)

El representante del gobierno, Paléologue, recibe una nota del delegado de Asuntos Exteriores alemán, de emergencia extrema de Rennes, que dice:

«Estamos autorizados a repetir las declaraciones que el Gobierno Imperial ha hecho, ya varias veces, desde 1894, sobre el capitán Dreyfus. Declaramos nuevamente y de la manera más formal, que nunca hubo, ni directa ni indirectamente, relación alguna entre este oficial y ningún agente alemán». (Paléologue, 1955, p. 261)

Después de una larga reflexión, Paléologue decide no comunicar a los jueces del consejo de guerra, considera que al estar cerrados los debates, informar sobre esta nota podría considerarse una maniobra in extremis. Continúa narrando lo acontecido:

«A las dos y media salgo de nuevo para el consejo de guerra. Hay una gran emoción en la ciudad. Alrededor de la escuela, una gran multitud. Toda la guarnición está a pie, patrullas de artilleros, dragones y gendarmes circulan por las calles...

A las tres en punto se reabre la audiencia. La palabra la tiene el comandante Ca-rrière:

"Ustedes han recogido muchos testimonios. Les pido que los agrupen, en el pensamiento, en dos fajos, uno que tiende a la absolución del acusado; el otro que exige de ustedes su condena... En un caso como este, la prueba no reside en este o ese punto; ella está en todas partes; surge del todo... Sólo les pido su íntima convicción... Este, señores del Consejo, es el espíritu de la ley. Me detengo: el tiempo de los discursos han pasado; ha sonado para ustedes la hora de la resolución suprema: Francia, ansiosa, espera vuestro juicio. Por mi parte, siempre firme en mi primera condena, les pido que se aplique el artículo 76 del código penal".

U CONSEIL DE GUERRE DE RENNES — LE COMMANDANT CARRIÈRE, COMMISSAIRE DU GOUVERNEMENT, PRONONCE SON RÉQUISITOIRE .
Discurso final de acusación del comisario de gobierno, comandante carrière

El Sr. Demange, que parece exhausto, declara con voz débil: Y yo, he aquí mi última palabra. Hombres de tanta rectitud como ustedes nunca elevarán a la altura las vagas pruebas que se han presentado aquí.
El Coronel Jouaust pregunta al acusado: Capitán Dreyfus, ¿tiene usted algo que agregar para su defensa? Dreyfus, que parece un cadáver, murmura indistintamente unas palabras: "Soy inocente... El honor del nombre que llevan mis hijos... Vuestra lealtad, vuestra justicia..." Y se recuesta en su silla. El sudor corre por su frente.
A las tres y cuarto se suspende la audiencia; los jueces se retiran a la Sala del Consejo. ¡Una hora y media de espera!... Quiero matar al comandante Carrière, el parloteo de este viejo títere es tan insoportable. Como nos ve preocupados, al general y a mí, trata de distraernos con los disparates más ineptos, más descabellados unos que otros.

396

LA VIE ILLUSTREE

La « canalisation » des dépêches de presse, rue Toullier.

Un barrage militaire, quai Châteaubriand.

La « Dame Blanche » sortant de la dernière audience.

Le vestiaire obligatoire du 9 septem

Eglise gardée militairement après le verdict.

Le prévôt de la gendarmerie lisant les ordres de police après le verdict.

LA DERNIÈRE JOURNÉE DE L'AFFAIRE DREYFUS

Photographies de la Vie Illu

Tensión y presencia de militares en las calles el día del veredicto

Los generales y oficiales le dan la espalda a Dreyfus durante la requisitoria de Carrière

A las 4:45 sonó un timbre. En un segundo, la sala está llena. Pero la decoración ha cambiado un poco. Frente a la plataforma, una fila de gendarmes está cara al público; porque tememos manifestaciones violentas contra los jueces. Además, cada puerta está custodiada por un destacamento de infantería. Por el momento, además, ni el más mínimo ruido. Incluso parece, el silencio tan profundo, que todos están conteniendo la respiración.

En el estrado de los abogados, el sr. Labori, con los brazos cruzados, la mirada belicosa, estoicamente rígido; el Sr. Demange, sentado, inclinado, con los ojos cerrados, las manos entrelazadas, reza.

La silla del acusado permanece vacía; ya que, según mandato del código militar, no debe asistir a la lectura de la sentencia.

Pero bueno, aquí están los jueces, todos terriblemente pálidos. Con voz que se ahoga en las primeras palabras, el coronel Jouaust pronuncia sentencia:

"¡En nombre del pueblo francés!... El Consejo de guerra, por mayoría de cinco votos contra dos, declara: Sí, el acusado es culpable... Existen circunstancias atenuantes... Tras lo cual, el Consejo condena a Alfred Dreyfus a diez años de prisión".

Lejos de manifestarse, el público está como atónito; fluye hacia la calle, sin un grito. Cuando se evacua la sala, me despido de los jueces, que todavía tienen la cara rota. Poco después veo llegar al escribano Coupois que acaba de leer la sentencia a Dreyfus. Durante este trámite que se realiza frente a la guardia armada, el condenado, rígido, no mostró la menor emoción.

La multitud, que ha invadido la estación, está violentamente exaltada de pasión delirante o furiosa hasta tal extremo que somos introducidos por una puerta oculta. Creemos que los dos jueces que votaron por la absolución son el coronel Jouaust y el comandante de Bréon...» (Paléologue, 1955, pp. 261-264)

L'ILLUSTRATION

: du Numéro : 75 centimes. SAMEDI 16 SEPTEMBRE 1899 57ᵉ Année. — Nᵒ 295.

El coronel Jouaust, presidente del consejo de guerra en Rennes pronuncia el veredicto

Onzième année — N° 554.   Huit pages : CINQ centimes   Dimanche 17 Septembre 1899

Le Petit Parisien

SUPPLÉMENT LITTÉRAIRE ILLUSTRÉ

TOUS LES JOURS
Le Petit Parisien
5 CENTIMES

DIRECTION: 18, rue d'Enghien, PARIS

TOUS LES JEUDIS
SUPPLÉMENT LITTÉRAIRE
5 CENTIMES.

L'AFFAIRE DREYFUS AU CONSEIL DE GUERRE DE RENNES

LA LECTURE DE L'ARRÊT DE CONDAMNATION

Frente a los jueces se ha colocado una fila de gendarmes para impedir disturbios con la lectura del veredicto

284

LE MONDE ILLUSTRÉ

JOURNAL HEBDOMADAIRE

ABONNEMENT POUR PARIS ET LES DEPARTEMENTS | **43ᵉ Année — N° 2216 — 16 Septembre 1899** | **DIRECTION ET ADMINISTRATION, 13, QUAI VOLTAI**

., 24 fr. ; — Six mois, 13 fr. ; — Trois mois, 7 fr. ; — Un numéro 50 c. r volume semestriel, 12 fr. broché. — 17 fr. relié et doré sur tranche. GER (Union postale) : De an, 27 fr. ; — Six mois, 14 fr. ; — Trois mois. 7 fr. 50.

Directeur : **M. ÉDOUARD DESFOSSÉS**

Toute demande d'abonnement non accompagnée d'un bon sur Paris ou poste, toute demande de numéro à laquelle ne sera pas joint le m en timbres-poste, seront considérées comme non avenues. — On ne pas des manuscrits et des dessins envoyés.

El coronel Jouaust lee la sentencia: «¡En nombre del pueblo francés!... El consejo de guerra, por mayoría de cinco votos contra dos, declara: Sí, el acusado es culpable... Existen circunstancias atenuantes... Tras lo cual, el Consejo condena a Alfred Dreyfus a diez años de prisión»

THE GRAPHIC

AN ILLUSTRATED WEEKLY NEWSPAPER

556—Vol. LX. SATURDAY, SEPTEMBER 23, 1899 WITH EXTRA COLOURED SUPPLEMENT "Acolytes at Play" PRICE

AFTER THE DREYFUS VERDICT

Gesto abatido y desesperado del abogado defensor Demange después de escuchar el veredicto del Tribunal

THE MARTYRDOM OF ALFRED DREYFUS

A HISTORICAL SUMMARY OF THE WHOLE CASE

CAPTAIN ALFRED DREYFUS, THE MARTYR OF THE CENTURY

Cuando el presidente del Tribunal, el coronel Jouaust, lee el veredicto, la silla del acusado permanece vacía; según el mandato del código militar, el acusado no debe asistir a la lectura de la sentencia. Por lo tanto, Dreyfus debe esperar en una sala próxima la llegada del escribano Coupois para conocer la sentencia

LECTURE DU JUGEMENT A DREYFUS

La sala de audiencia se evacúa y cuando todos los asistentes han salido, el consejo a su vez se retira, las puestas se cierran, y Dreyfus, que no ha asistido al pronunciamiento del jurado, entra. No hay más presentes en la sala que el comisario del gobierno, el comandante Carrière, el secretario jefe y la guardia de Dreyfus compuesta de seis artilleros. El secretario lee la sentencia condenatoria.
Dreyfus se vuelve pálido, su cuerpo se pone tieso, pero no derrama ni una lágrima, ni un llanto, ni una protesta

Dreyfus espera la lectura del veredicto

La tristeza y la frustración de Dreyfus al escuchar la sentencia, lo expresa en su diario con estas palabras:

«A pesar de la evidencia más manifiesta, contra toda justicia y toda equidad, fui condenado.

¡Y el veredicto fue pronunciado con circunstancias atenuantes! ¿desde cuándo hay circunstancias atenuantes para los crímenes de traición?

Dos votos, sin embargo, se pronunciaron en mi favor. Dos conciencias fueron capaces de elevarse sobre el espíritu de partido para no mirar sino el derecho humano, la justicia, e inclinarse ante el ideal superior.

En cuanto al veredicto que cinco jueces han osado pronunciar, yo no lo acepto.

Firmé mi recurso de revisión al siguiente día del fallo. Los juicios de los consejos de guerra no se relevan sino por consejo de revisión militar; este no está llamado más que a pronunciarse sobre la forma.

Yo sabía lo que había pasado ya cuando el consejo de revisión de 1894; no fundaba, pues, ninguna esperanza en este recurso. Mi objeto era ir otra vez ante el Tribunal de Casación para que terminase la obra de justicia que había empezado. Pero entonces no tenía ningún medio, pues en justicia militar, para ir ante el Tribunal de Casación, es preciso, según los términos de la ley de 1895, aportar un hecho nuevo o la prueba de un falso testimonio». (Dreyfus, 1901, pp. 238-239)

Le Petit Journal

Le Petit Journal
CHAQUE JOUR 5 CENTIMES

Le Supplément illustré
CHAQUE SEMAINE 5 CENTIMES

SUPPLÉMENT ILLUSTRÉ

Huit pages : CINQ centimes

ABONNEMENTS

SEINE ET SEINE-ET-OISE   2 fr   3 fr
DÉPARTEMENTS   2 fr   4 fr
ÉTRANGER   2 50   5 fr

ième année   DIMANCHE 24 SEPTEMBRE 1899   Numéro

«Maintenant, au travail!!!» La portada del diario *Le Petit Journal* representa la justicia ha hablado (arriba a la derecha el juicio de Dreyfus), ahora toca volver a la normalidad, regresar a su trabajo y levantar Francia

290

1899. Indulto a Dreyfus

El veredicto dictado a Dreyfus deja atónito al gobierno francés y provoca la indignación y el descontento en el resto del mundo. Los diarios extranjeros muestran con rabia en sus titulares el descaro del ejército francés. Para todas las naciones, Francia aparece en la lista negra. En las principales ciudades, como en Amberes, Bruselas, Oslo, Ginebra, Budapest, Milán, Nápoles, Londres, Nueva York, se producen manifestaciones populares, incluso en algunas de ellas, como en Indianápolis, queman la bandera francesa. La Reina de Inglaterra, sorprendida por la sentencia, telegrafía al presidente del Tribunal Supremo y expresa su malestar: «*Había escuchado con asombro el terrible veredicto, y que deseaba que el pobre mártir apelara a mejores jueces*». Las consecuencias de esta sentencia pone en grave peligro la Exposición Universal de París que se celebrará la primavera de 1900; los países hablan de boicot, según Reinach: «*Se propone poner a Francia en cuarentena y declinar la invitación a la Exposición, o ir como un lugar no grato*».

El escritor y político Reinach dice en su obra magna:

«*Todos fuimos golpeados y salpicados. "Debemos limpiar el honor de Francia", escribí bajo este título un artículo que era el desarrollo, un poco oratorio y cuya conclusión era que el gobierno, el poder ejecutivo, está solo en condiciones de reparar el mal, que un acto inmediato es necesario, y que este acto, en ausencia de una apelación del ministro de Justicia, es un indulto. Así se romperá toda solidaridad entre los cinco jueces de Rennes y Francia, el pueblo francés en cuyo nombre volvieron a condenar a un inocente*». (Reinach, 1905, T5, p. 544)

Reinach recuerda en su 5º volumen la impresión que le produjo cuando conoció a Dreyfus, la noche de la sentencia de Rennes y la necesidad imperiosa de que el gobierno redimiera a Francia de esta injusticia de forma urgente, lo expresa en estas líneas:

«*La idea de gracia de Dreyfus no me la dictaba solo la lástima por el hombre, el desdichado, a quien adiviné en su celda, desesperado, dudando de todo menos de sí mismo, exhausto, muriendo lejos de su esposa e hijos deshonrados. Conocí al extraño; A lo largo de la noche que siguió al veredicto, mis pensamientos vagaron desde la prisión de Rennes a los países más allá del Rin y ultramarinos, donde el grito no*

Joseph Reinach

será solo contra los jueces, los falsificadores y los falsos testigos. No fue solo la superioridad militar y política de Francia en el pasado lo que resultó insoportable para el mundo; estaba aún demasiado orgullosa de sus Cruzadas y de su Revolución, de haber realizado "los gestos de Dios" y de haber proclamado "los derechos del Hombre"; y, ahora, aquí también está vencida en su espíritu, caída en esta degradación intelectual y moral». (Reinach, 1905, T5, p. 543)

Reinach propone el indulto para Dreyfus, pero advierte, que sería aceptado solo como medida de transición, sería el prefacio de la rehabilitación; Ives Guyot, Jaurès y Clemenceau están en contra del perdón y a favor de continuar con el recurso, quieren que se siga la lucha hasta que un Tribunal lo declare inocente, Bernard Lazare y otros Dreyfusard entienden que el perdón es una buena alternativa; por otro lado, Mathieu sabe que el indulto es un medio rápido de liberar a su hermano que está gravemente enfermo y teme por su vida. El primer ministro Waldeck-Rosseau y el ministro de la guerra Gallifet, se muestran entusiastas con la concesión del perdón; Gallifet es consciente que es una forma rápida de enmendar los efectos de una condena perversa. Reinach razona algunos de los motivos para decidir el indulto:

«He escrito varios miles de artículos; ninguno de ellos con tanta certeza de tener razón. El "perdón inmediato", este acto, sin precedentes, de un ministro de Guerra rompiendo una sentencia militar apenas pronunciada, antes de que se seque la tinta, es la República misma la que declara inocente a Dreyfus y libera a Francia de toda complicidad con la injusticia. De repente, los denigradores extranjeros tendrán la boca cerrada: ¿qué otro gobierno, qué otro pueblo se habrá levantado así, de tal caída, a tal altura? Había "poesía" en este diseño, pero esa era su fuerza. El artículo apareció a la mañana siguiente, no sin cierta resistencia por parte de Yves Guyot; al principio se asombró, luego se conmovió. Mientras tanto (la tarde del día 10), me dirigí a las oficinas del Radical *donde expresé mi opinión a Clemenceau y Jaurès: que no tendría sentido llevar la sentencia de Rennes al Tribunal de Casación y que era necesario pedir al primer ministro Waldeck-Rousseau el perdón inmediato de Dreyfus...»* (Reinach, 1905, T5, p. 545)

Duras palabras las que escribe Reinach de la entrevista con Mathieu:
«Al día siguiente (11 de septiembre), Mathieu Dreyfus entró en mi casa, con la cara destrozada, "agujeros" debajo de los ojos, e inmediatamente después de que lo besé, me dijo: "Se necesita gracia, gracia sin demora, o mi hermano morirá".
Me habló de su última entrevista, el día anterior, su hermano, sin quejarse, con la resignación de un santo, listo para cualquier cosa, incluso para la degradación, pero roto, apenas arrastrándose, toda su fuerza vital agotada. Desde su regreso, era él mismo quien había insistido en que a sus hijos aún se les mantuviera en la ignorancia de sus desgracias, mientras que a otros les hubiera gustado que su madre los llevara a su prisión... Ahora pidió que los llevaran a su celda para verlos por última vez, en el presentimiento que tenía del fin... Mathieu agregó que su hermano no sabía nada de los pasos que me pedía que diera con los ministros; el soldado impenitente que era se habría opuesto, pero Mathieu no tenía derecho a dejarlo morir, innecesariamente, en su prisión.
Durante los dos años que había visto a Mathieu casi todos los días, lo conocía como a mí mismo. Sentí cuánto sufrió para pedir clemencia después de tantos esfuerzos por la justicia; pero, si se hubiera negado, hubiera preferido su orgullo a su hermano. A los niños se les enseña que el deber es dulce. Está mal. El deber es casi siempre amargo. Si no fuera agrio, sería menos noble». (Reinach, 1905, T5, p. 547)

El 11 de septiembre Mathieu se reúne con un grupo de Dreyfusard, Clemenceau, Pressensé, Jaurès, Reinach, en la reunión también está el ministro de comercio Alexandre Millerand, estudian la opción de retirar el recurso presentado por Dreyfus al día siguiente de la sentencia y aceptar el indulto que ofrece el gobierno, después de una tensa discusión, aceptan el perdón pero con la condición de que se debe continuar la lucha y exigir una nueva revisión. Mathieu le pide a Jaurès que escriba la declaración que Dreyfus publicará una vez que reciba el indulto y esté en libertad:

«El gobierno de la República me hace libre. La libertad no es nada para mí sin honor. A partir de hoy, continuaré buscando la reparación del terrible error judicial del que todavía soy víctima. Quiero que toda Francia sepa, mediante un juicio final, que soy inocente. Mi corazón solo se apaciguará cuando ya no haya un francés que me impute el crimen que otro ha cometido». (Reinach, 1905, T5, p. 558)

La reunión termina muy tarde, la decisión del indulto está aprobada. Mathieu queda el 12 de septiembre a primera hora con el ministro de la Guerra, Gallifet, para ir a la prisión y ver a su hermano Alfred Dreyfus y trasladarle la propuesta del gobierno sobre el indulto, Dreyfus explica la decisión de firmarlo a pesar de su contrariedad:

«Yo firmé mi recurso de revisión el 9 de septiembre. El 12 de septiembre, a las seis de la mañana entró en mi celda, autorizado por el ministro de Guerra, el Sr. Gallifet y mi hermano Mathieu, para poder hablarme sin testigos. Se me ofrecía el indulto, pero era necesario, para que este se firmase, que retirara yo mi recurso. Aunque no esperase nada de aquel recurso, dudé sin embargo, pues yo no tenía necesidad de gracia sino sed de justicia.

Pero, Por otra parte, mi hermano me dijo que mi salud, fuertemente quebrantada, me dejaba pocas esperanzas de resistir todavía las condiciones en que sería colocado, que la libertad me proporcionaría mayores recursos para la reparación del tremendo error judicial de que era víctima. Mathieu añadió que el retirar el recurso estaba aconsejado, aprobado por hombres que habían sido, en la prensa, ante la opinión, los principales defensores de mi causa.

Finalmente, pensé en el sufrimiento de mi mujer, de los míos, en mis hijos, que aún no había visto desde mi vuelta a Francia. Consentí, pues, en retirar el recurso, pero especificando bien claramente mi intención absoluta, irreductible, de proseguir la revisión legal del veredicto de Rennes». (Dreyfus, 1901, pp. 239-240)

El 19 de septiembre de 1899 el ministro de la guerra presenta un informe al presidente de la República Émile Loubet donde expone los motivos por el que recomienda el indulto, que dice así:

«El 9 de septiembre, el consejo de guerra de Rennes condenó a Dreyfus, por cinco votos contra dos, a diez años de prisión; por mayoría, le concedió circunstancias atenuantes. Después de apelar a la Junta de Revisión, Dreyfus retiró su apelación... La función suprema del gobierno es hacer cumplir, sin distinción y sin segundas intenciones, las decisiones de la justicia. Decidido a cumplir este deber, debe también preocuparse de lo que la clemencia y el interés público le aconsejen.

El mismo veredicto de la corte marcial, admitió circunstancias atenuantes, el deseo expresado de inmediato de que la pena fuera atenuada, son tantos indicios que deben llamar la atención. Tras la sentencia dictada en 1894, Dreyfus pasó cinco años de deportación. Esta sentencia fue anulada el 3 de junio de 1899 y se le impuso una pena menor, tanto desde el punto de vista de su naturaleza como de su duración. Si a los diez años de detención le restamos los cinco que pasó en la Isla del Diablo "y no puede ser de otra manera", Dreyfus habrá pasado cinco años de deportación y tendrá que pasar cinco años de detención. Nos preguntábamos si no era posible equiparar la deportación con el confinamiento solitario en una prisión celular y, en este caso, habría cumplido casi por completo su condena.

Ministro de la Guerra, Gallifet

La legislación no parece permitirlo; de ahí se sigue que Dreyfus debería llevar a cabo un dolor superior al que en realidad estaba condenado. También se desprende de la información recabada que la salud del condenado se ha visto gravemente comprometida y que no podría soportar una detención prolongada sin el mayor peligro. Aparte de estas consideraciones, de naturaleza que suscita la solicitud, otras todavía, de orden más general, tienden a la misma conclusión. Un interés político superior, la necesidad de reingresar todas sus fuerzas han mandado siempre a los gobiernos, después de crisis difíciles, y respecto de ciertos órdenes de hechos, medidas de clemencia u olvido. Mal respondería el gobierno al anhelo del país ávido de pacificación, si, por los actos que le competen, ya sea para realizar por iniciativa propia, o para proponer al Parlamento, no se esforzase en borrar todo rastro de un doloroso conflicto.

Le corresponde a usted, señor Presidente, por un acto de alta humanidad, dar el primer empeño a la obra de apaciguamiento que demanda la opinión pública y que manda el bien de la República.

Es por ello, por lo que tengo el honor de someter a su firma el decreto adjunto. Le ruego acepte, señor Presidente, el homenaje de mi respetuosa devoción. El ministro de la Guerre, general Gallifet.

DECRETO:

El Presidente de la República Francesa. Previo informe del ministro de la Guerra; vista la ley de 25 de febrero de 1875; vista la opinión del ministro de Justicia.

Decretos: Artículo primero. Se concede a Dreyfus (Alfred) el descuento de la pena de diez años de prisión dictada contra él por sentencia del tribunal de guerra de Rennes, de fecha 9 de septiembre de 1899, así como degradación militar.

Artículo segundo. Corresponde al ministro de Guerra la ejecución de este decreto. París, el 19 de septiembre de 1899. Émile Loubet, presidente de la República. (Dreyfus, 1901, pp. 582 y ss.)

améro 51

6 Octobre 1899

LA VIE ILLUSTRÉE

ALFRED DREYFUS ET SES ENFANTS DANS LE JARDIN DE LA VILLA DE M. VALABRÈGUE
(Photographie prise, à Carpentras, le 27 Septembre 1899, par M. Gerschel.)

El 27 de septiembre de 1899 Dreyfus junto a sus hijos Pierre y Jeanne en Carpentras (sureste de Francia)

Felices los valientes, los que aceptan con ánimo parejo la derrota o las palmas.
Jorge Luis Borges

1902 - 1904

**Muerte de Émile Zola – Investigación ministro de Guerra André
Recurso de revisión de Alfred Dreyfus**

1902. Muerte de Émile Zola

Émile Zola junto a su esposa Alexandrine

La noche del 28 de septiembre de 1902 Émile Zola junto a su esposa Alexandrine encienden la chimenea de su habitación con pequeñas bolas de carbón para calentar el dormitorio durante la noche; la salida de humos tiene problema de semiobstrucción lo que provoca la saturación de humo en la habitación. La mujer molesta por la humareda despierta y sugiere a Zola avisar a los sirvientes para revisar la avería o el problema de la chimenea, el escritor la tranquiliza, le dice que no se preocupe que mañana limpiarán la salida de humos.

La mañana del 29 de septiembre de 1902, los sirvientes derriban la puerta del dormitorio del matrimonio, encuentran a Zola sin vida tirado en el suelo; avisan al servicio de emergencia que solo puede confirmar su muerte por intoxicación al haber respirado una dosis elevada de dióxido de carbono y ácido carbónico, mientras, su esposa Alexandrine la llevan a urgencias donde logra recuperarse.

La policía considera desde el primer momento que ha sido un accidente, sin embargo, investigaciones extraoficiales prueban que fue un asesinato, un hecho preparado por los antisemitas como venganza de su apoyo a Dreyfus y a los judíos; incluso, la prensa nacionalista y antisemita se regocija de su muerte, el periódico *La Libre Parole* del antisemita Drumont publica «Una noticia naturalista: Zola asfixiado».

El impacto por la muerte del autor del «J´Acusse» es enorme, la prensa de todo el mundo hace eco de la emoción por su pérdida y le rinden un homenaje casi unánime. En la portada de *Le Figaro*, afirma que supone el fin de los grandes autores tras la desaparición de Gustave Falubert y Alphonse Daudet.

268 — Nº 3110   L'ILLUSTRATION   4 Octobre 1902

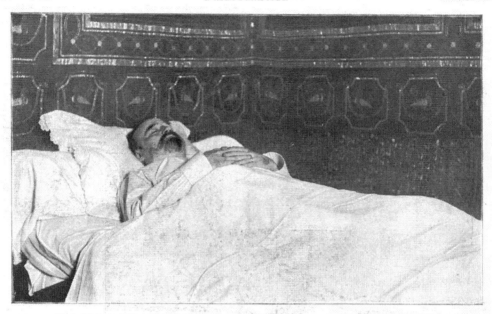

Émile Zola sur le divan de son cabinet de travail, transformé en lit mortuaire. — Phot. Caytin et Berger.

LA CHAMBRE A COUCHER OU EST MORT ÉMILE ZOLA

Émile Zola en el diván de su sala de trabajo, transformado en lecho mortuorio (foto superior). A la izquierda la chimenea que causó la asfixia; al fondo, a la derecha, la cama detrás de la rejillas (foto inferior)

Numéro 208   10 Octobre 1902

LA VIE ILLUSTRÉE

LES OBSÈQUES D'ÉMILE ZOLA

M. CHAUMIÉ, MINISTRE DE L'INSTRUCTION PUBLIQUE, PRONONÇANT SON DISCOURS, AU CIMETIÈRE MONTMARTRE

Joseph Chaumié, ministro de Instrucción Pública, da un discurso ante cientos de personas que acompañan al entierro del escritor, entre los que se encuentran Anatole France, Mirbeau, Picquart y Dreyfus

L'ILLUSTRATION

Supplément au N° 3110 du 4 Octobre 1902.

LES FUNÉRAILLES D'ÉMILE ZOLA. — AU CIMETIÈRE MONTMARTRE

LES DÉLÉGUÉS DES MINEURS DE DENAIN

LE DISCOURS DE M. ANATOLE FRANCE

M. Chaumié   M. Fasquelle   M. Octave Mirbeau   M. Abel Hermant

M. ABEL HERMANT, PRONONÇANT SON DISCOURS, AU NOM DES "GENS DE LETTRES" ET DES "AUTEURS DRAMATIQUES"

El funeral se pospone por la hospitalización de la mujer. Alexandrine sugiere a Dreyfus que no asista a la ceremonia para evitar atentados o que sufra algún daño, pero Dreyfus decide acompañarlo. El escritor Anatole France pronuncia unas palabras en homenaje a Zola y recuerda el célebre titular del «Yo Acuso»

L'ILLUSTRATION

ix du Numéro : 75 centimes.　　　SAMEDI　11　OCTOBRE　1902　　　60ᵉ Année — Nᵒ 3111.

APOTHÉOSE DE ZOLA PAR ZOLA

Composition et photographie par Émile Zola. — Voir l'article, page 296.

1903. Investigación ministro de Guerra André

General André

El Primer Ministro Émile Combes, solicita al ministro de la Guerra, el general André, que realice una profunda investigación con el mayor rigor y objetividad para conocer la verdad del caso Dreyfus.

André delega en uno de sus hombres de confianza, el capitán Antoine-Louis Targe, para dirigir la investigación.

A pesar de la dispersión de los archivos después de la corte marcial de Rennes, Targe tras una búsqueda de pruebas y documentos en la Sección de Estadística, logra con mucho esfuerzo y dedicación reunir una gran cantidad de notas y cartas, la mayoría de las cuales resultan de muy dudosa procedencia y otras, han sido burdamente fabricadas; sin embargo, todos los esfuerzos para localizar el famoso *bordereau* resultan infructuosos, ha desaparecido, no se encuentra ningún rastro del principal documento incriminatorio. Sin embargo, descubre papeles ocultos que no estaban en el «dosier secreto», documentos que Henry, Gonse y Cuignet habían ocultado expresamente porque cuestionaban la culpabilidad de Dreyfus. El general André tras examinarlos y conseguir material suficiente, recurre al archivero Gribelin que después de un largo interrogatorio confiesa la verdad de los hechos.

Con esta nueva revelación de Gribelin, André no tiene dificultad para encontrar nuevas falsificaciones en el expediente, Gribelin declara que fabricó documentos engañosos por orden de Henry y además, explica como Henry alteró los importes gastados por Picquart para sugerir que estaba malversando los fondos secretos. Gribelin también admite, que fue du Paty quien envió el telegrama *Speranza* a Picquart en Túnez y Henry facilitó a Esterhazy valiosa información.

La investigación también lleva al capitán Louis Targe a establecer que aún existen diversas falsificaciones en las oficinas del Ministerio de la Guerra, algunos documentos habían sido claramente alterados, documentos exculpatorios ocultos y otras notas que consistían en todo tipo de comentarios de los sirvientes despedidos y conserjes maliciosos; esta investigación le supone al capitán Targe muchas críticas y enemistades entre sus compañeros.

En noviembre de 1903, el general André presenta un detallado informe al Primer Ministro donde revela la gravedad de la situación; el empleo de documentos fraudulentos, falsas declaraciones y notables errores cometidos durante el consejo de guerra. Este exhaustivo informe supone el inicio de una nueva revisión, dirigida por el abogado Ludovic Trarieux, fundador de la Liga de los Derechos Humanos, seguida de otra investigación que se extenderá durante dos años.

1904. Segunda revisión investigación Sala de lo Penal

El 26 de noviembre de 1903 Dreyfus apela para una nueva revisión del veredicto de Rennes; se fundamenta en diferentes hechos: Cuenta con el informe del ministro de la Guerra, el general André, la investigación de Targe y la investigación de Jaurès con nuevas pruebas de falsificaciones de documentos, los testimonios falsos de algunos testigos y la confesión del archivista Gribelin.

El 5 de marzo de 1904 la Sala de lo Penal admite el recurso, a los dos días, el 7 de marzo de 1904 comienza la segunda revisión por el Tribunal de Casación. La Cámara estudia la documentación existente y escucha a los testigos.

El capitán Targe testifica sobre los resultados de su investigación y exhibe diversos documentos falsos que ha descubierto, entre ellos, la falsificación de Gribelin ordenada por Henry, la alteración de los libros de cuentas de fondos secretos para ocultar datos. También acredita con pruebas que el testimonio de Henry en el consejo de guerra de 1894 fue falso. Du Paty confirma que su informe fue dictado y alterado por sus superiores y declara que el general Gonse junto con Henry negociaron con Esterhazy, todo esto con el conocimiento y la aprobación del presidente Faure.

El 18 de abril de 1905 el Tribunal de Casación solicita a los tres matemáticos más prestigiosos del país que realicen un estudio crítico del sistema, mediciones, análisis y resultados de Bertillon sobre el *bordereau*, para ello, se designan: Paul Émile Appell, científico y matemático alsaciano, profesor de la Facultad de Ciencias de París, Rector de la Academia y presidente del Consejo de la Universidad de París; Henri Poincairé, matemático, físico teórico y filósofo de la ciencia francés, uno de los grandes eruditos universales y Jean- Gaston Darboux, doctor en ciencias matemáticas, profesor de la Escuela Normal Superior, presidente de la Junta Directiva del Instituto Pasteur y de la Sociedad de Amigos de la Ciencia.

Los tres prestigiosos matemáticos franceses Paul Appell, Henri Poincairé y Gaston Darboux, estudian y demuestran las imprecisiones y los errores en las mediciones y cálculos del sistema creado por Bertillon, así como lo absurdo de toda su teoría, en su conclusión expresan textualmente: «*Una preciosa e inagotable mina de errores*»

En un informe adoptado por unanimidad, los tres expertos declaran:

«El sistema aplicado por Bertillon está despojado de todo valor científico: 1.º Porque no se han observado correctamente las reglas del cálculo de probabilidades; 2º Porque su obra es el resultado de un complicado tratamiento, infligido al documento original y del que salió alterado, después de haber sufrido una serie de ampliaciones y reducciones fotográficas, e incluso de calcos, recortes, collages, pinceladas y retoques...» (Paléologue, 1955, p. 230)

El aporte de este dictamen pericial de los tres científicos matemáticos supone el fin a las teorías pseudocientíficas de Bertillon y sus seguidores, especialmente, a Teyssonières, Valerio y los tres peritos que actuaron en el proceso de Esterhazy Coüard, Varinard y Belhomme. Los tres primeros, afirman que el *bordereau* ha sido falsificado desde cero por Dreyfus empleando su escritura común (para las semejanzas) y una plantilla (para justificar las diferencias).

Se expone una síntesis contundente del trabajo de los matemáticos y una conclusión digna de recordar:

«En resumen, las marcas del bordereau *y las letras de la nota, se hicieron ambas después de la incautación de estos documentos; las teorías desarrolladas sobre este tema por el Sr. Bertillon y sus discípulos, no solo carecen de fundamento, sino que muestran, en un ejemplo comprensible para todos, la parcialidad, la absoluta falta de espíritu crítico y científico, el gusto por el absurdo que hemos observado en todas las partes del sistema bajo nuestra revisión.*

CONCLUSIÓN

Lo absurdo del sistema de Bertillon es tan obvio que será difícil explicar la extensión de esta discusión. Correríamos el riesgo de no comprender la necesidad de ello, si no recordáramos la historia del asunto.

Cuando el público conoció por primera vez el sistema, cuando se supo que "el bordereau no era obra únicamente de las fuerzas de la naturaleza", hubo una larga carcajada. No hemos olvidado la historia de este épico asedio, donde un tal redan, abatido por la batería de «S» largas, se defendió heroicamente, hasta que finalmente el agresor, intimidado por las manchas, retrocedió ante las iniciales.

Aquellos que impulsaron el examen aún más, descubrieron cosas no menos sorprendentes. En medio de un revoltijo incomprensible, encontraron hallazgos como este: Hay dos puntos apenas perceptibles en la palabra "interés" donde la distancia vertical representa precisamente, a escala de 80.000, la equidistancia normal de las curvas de nivel de la carta de Estado Mayor. ¿Puede ser esto debido a la casualidad? Así, este desgraciado, a punto de traicionar a su patria, solo tuvo un pensamiento: reproducir, imitando la escritura de su hermano, ¡la exacta equidistancia exacta de las curvas nivel!

Pero, en cierto momento, los hombres cultos comprendieron qué provecho se podía sacar de esta preciosa e inagotable mina de errores. Sabían que los que ríen se cansan y los creyentes nunca se cansan; sabían que el público no presta atención al valor de los argumentos, sino al tono de los argumentadores; y empezaron a apoyar al Sr. Bertillon con sus tajantes y repetidas afirmaciones. (Leblois, 1929, p. 182)

Desde la publicación del facsímil del *bordereau* en el periódico *Le Matin*, la revisión del asunto Dreyfus se ha hecho posible ante la historia; el *bordereau* fue la única pieza incriminatoria de Dreyfus en 1894. Se detallan los expertos en escrituras oficiales y privados que han intervenido en los diferentes procesos:

Peritos oficiales que atribuyen el *bordereau* a Dreyfus:
- Alphonse Bertillon. Jefe del servicio de identidad judicial.
- Pierre Teyssonières. Grabador de arte.
- Etienne Charavay. Paleógrafo, archivero.

Peritos que determinan que el *bordereau* no es de Dreyfus:
  o Peritos oficiales:
- Alfred Gobert. Experto del Banco de Francia.
- Eugenne Pelletier. Experto en escrituras de la Corte de Apelación.

  o Peritos consultados por Bernard Lazare y Mathieu Dreyfus:
- Crépieux Jamin. Grafólogo, dentista y relojero.
- Gustave Bridier. Grafólogo.
- A. Rougemont. Grafólogo y perito en escrituras (Suiza).
- Charles Hurst. Grafólogo y perito en escrituras.
- Paul Moriaud. Abogado, doctor y catedrático en derecho (Bélgica).
- David N. Carvalho. Experto en escrituras y en tintas (Estados Unidos).
- Daniel T. Ames. Calígrafo y experto en escrituras (Estados Unidos).
- William T. Preyer. Fisiólogo, científico, químico (Alemania).
- Edgar de Marneffe. Grafólogo, perito en escrituras (Bélgica).
- J. Holt Schooling. Miembro del Instituto de Ciencias (Inglaterra).
- Walter Gray Birch. Doctor en derecho, historiador, paleógrafo (Inglaterra).
- Thomas Henry Gurrin. Perito en escrituras (Inglaterra).

Peritos oficiales que intervienen en la investigación de Esterhazy y niegan en el juicio que el *bordereau* ha sido escrito por Esterhazy:
- Couard. Perito en escrituras.
- Varinard. Grafólogo y perito en escrituras.
- Belhomme. Antiguo inspector de la Academia, experto en escrituras.

Peritos que intervienen en el juicio penal contra Émile Zola y afirman que la letra del *bordereau* no es de Dreyfus sino que ha sido escrita por Esterhazy:

- Paul Meyer. Director de la Escuela de Chartes.
- Crépieux Jamin. Grafólogo, dentista y relojero.
- Arthur Giry. Profesor de la Escuela de Chartes y de Altos Estudios.
- Augusto Molinier. Bibliotecario, historiador.
- Émile Molinier. Archivista, paleógrafo.

- Louis Havet. Profesor de la Sorbona, latinista, helenista.
- Gabriel Monod. Historiador.
- Édouard Grimaux. Químico, Científico.
- Louis Frank. Doctor especial en derecho (Bélgica).
- Paul Moriaud. Abogado, doctor y catedrático en derecho (Bélgica).
- Gray Birch. Doctor en derecho, historiador inglés.
- Jules Hericourt. Médico, jefe de fisiología de la Facultad de Medicina.
- Burckardt, experto en escrituras (Suiza).
- Amédée Bourmont. Archivista, paleógrafo.
- Célerier. Experto calígrafo.

Peritos que intervienen en el segundo consejo de guerra de Rennes, además de los descritos anteriormente, se suman:

- ○ Peritos que confirman el sistema de Bertillon:
- Valerio. Capitán y discípulo de Bertillon.

- ○ Peritos que desacreditan la teoría de Bertillon, niegan que el *bordereau* ha sido escrito por Dreyfus y atribuyen la letra a Esterhazy:
- Émile Javal. Ingeniero, médico oftalmólogo, inventor, grafólogo.
- Paraf Javal. Inspector de navegación, escritor, científico.
- Jules Andrade. Físico, matemático, profesor de la Universidad de Rennes.
- Ettienne Charavay. Se retracta de su informe emitido en el primer consejo, reconoce su error y afirma que la letra no es de Dreyfus, sino de Esterhazy.
- Maurice Bernard. Ingeniero de Minas de la Escuela Politécnica.
- Hippolyte Sebert. General de Brigada, miembro de la Academia de Ciencias.
- Paul Painlevé. Doctor en ciencias, profesor de la Escuela Politécnica.

Peritos oficiales actuantes a propuesta del Tribunal de Casación para realizar un estudio crítico de la teoría y metodología de Bertillon:

- Paul Appell. Matemático, científico, rector de la Academia.
- Henri Poincairé. Matemático, físico teórico, filósofo.
- Gaston Darboux. Doctor en ciencias matemáticas.

El futuro tiene muchos nombres. Para los débiles es lo inalcanzable. Para los temerosos, lo desconocido. Para los valientes, la oportunidad

Victor Hugo

1906

Segunda revisión de las Cámaras Combinadas
La Rehabilitación de Alfred Dreyfus

1906. Altercado en la cámara de los diputados

L'ILLUSTRATION

Prix du Numéro : 75 Centimes. SAMEDI 21 JUILLET 1906 64ᵉ Année. — Nº 3308

« Un violent tumulte se produit au pied de la tribune. — Agitation prolongée. »

(*Journal officiel du 14 juillet 1906.*)

El 13 de julio de 1906, la Cámara de los Diputados aprueba por votación el proyecto de ley de rehabilitación al ejército del capitán Dreyfus con el grado de jefe de escuadrón (mayor), condecorado con la Cruz de Caballero de la Legión de Honor, la reincorporación de Picquart al grado de general de Brigada, el traslado de las cenizas de Zola del cementerio de Montmartre al Panteón y se plantea un proceso judicial contra el general Mercier y todos sus cómplices.

Durante la sesión, el diputado nacionalista de París Paul Pugliesi-Conti grita «Gobierno de los miserables» y se enfrenta en una reyerta general, Pugliesi-Conti recibió una bofetada del subsecretario Sarraut y exigió un resarcimiento. Dos horas después tiene lugar un duelo de espadas en Ville-d'Avray, Clemenceau es el director de la lucha. Sarraut resulta gravemente herido en el pulmón donde necesitó dos meses de recuperación.

Croquis donde tuvo lugar el duelo entre los diputados Sarraut y Pugliesi-Conti, siendo Clemenceau el director del enfrentamiento, resultando gravemente herido Sarraut.

1906. Rehabilitación a Alfred Dreyfus

El 12 de julio de 1906 el Tribunal de Casación, reunidas todas las cámaras, dicta sentencia donde anula el veredicto de condena a Alfred Dreyfus del segundo consejo de guerra del 9 de septiembre de 1899. Declara que la inocencia de Dreyfus queda legal y definitivamente establecida por esta sentencia y conduce *ipso facto* a la reincorporación de este oficial en el marco del ejército y borra todos los efectos de la sentencia dictada en su contra.

El gobierno se siente impotente para reparar el inmenso daño, tanto material como moral sufrido por la víctima de tan deplorable error judicial.

El 21 de julio de 1906 se celebra la rehabilitación de Dreyfus en un pequeño patio de la Escuela militar, durante la ceremonia asiste un reducido número de invitados: la familia Dreyfus, Picquart, Baudouin, Anatole France y otros, además de diversos periodistas y fotógrafos. Dos baterías de artilleros y dos escuadrones se presentan alineados. Dreyfus y el comandante Targe están uniformados de gala frente al general Gillain, comandante de Primera División de Caballería. Gillain condecora a Targe y se vuelve hacia Dreyfus, lo condecora con la Cruz de la Legión de Honor, baja su espada sobre el hombro y declara: «*En nombre del presidente de la República, y en virtud de los poderes que me han sido investidos, lo nombro, mayor Dreyfus, jefe de Escuadrón*».

LA REHABILITACION DE DREYFUS

El general Gillain felicita a Dreyfus después de la rehabilitación con el grado de jefe de Escuadrón y condecorarlo con la Cruz de la Legión de Honor, junto a él se encuentra el comandante Targe que llevó la investigación dirigida por el ministro de la Guerra, el general André.

* * * Après la cassation de l'arrêt du Conseil de guerre de Rennes * * *

Dernière photographie du capitaine Dreyfus, promu chef d'escadron, par décret du 13 juillet 1906.

Cette photographie du capitaine Dreyfus, aujourd'hui chef d'escadron et qui contraire-
ment à ce qu'on a publié ces jours derniers, ne porte pas la barbe, a été prise le jour

même où paraissait le décret le réintégrant dans l'armée. C'est le 13 juillet, 101, boulevard
Malesherbes, que le commandant Dreyfus a été fixé par l'objectif d'un de nos photographes.

❈ ❈ ❈ ❈ ❈   A propos de la revision du procès Dreyfus   ❈ ❈ ❈ ❈ ❈

Dernière photographie du lieutenant-colonel Picquart, promu général de brigade par décret du 13 juillet 1906

Cette photographie, la dernière que l'on possède du lieutenant-colonel Picquart, aujourd'hui général de brigade, a été prise dans la cour du Conseil de guerre de la rue du Cherche-Midi, lors du procès Dautriche. Le lieutenant-colonel Picquart est photographié au moment où le rédacteur judiciaire de la *Petite République* l'aborde pour l'interviewer.

El teniente coronel Picquart asciende a general de Brigada por decreto del 13 de julio de 1906

LA TRIBUNA
illustrata

ABBONAMENTI

Nel Regno, anno L. 5 — All'Estero Fr. 7,50
Il numero Cent. 10 — Arretrato Cent. 20
Si pubblica una volta la settimana — Direzione e Amministrazione, Via Milano, 37.
Non si restituiscono i manoscritti

Le inserzioni a pagamento si ricevono esclusivamente dalla Ditta Haasenstein e Vogler: Roma, Piazza S. Silvestro, 74, Firenze, Genova, Milano, Napoli, Palermo, Torino, Venezia. - Prezzo per ogni linea corpo 6: in 3ª pagina (3 colonne) L. 3 - nelle altre pagine d'annunzi (7 colonne) L. 1,50.

ANNO XIV   Roma - Domenica 5 Agosto 1906   N. 31

LA LEGION D'ONORE A DREYFUS
Il generale Gillain tocca con la sciabola le spalle del decorato

Rehabilitación de Dreyfus al grado de jefe de Escuadrón y condecorado con la Cruz de la Legión de Honor

REHABILITACION DE DREYFUS

EL HIJO DEL COMANDANTE DREYFUS

En el mismo lugar en que se efectuó la terrible ceremonia de la degradación del capitán Dreyfus, se ha celebrado su rehabilitación. En la Escuela Militar formaron las tropas de Coraceros y de Artillería, y un capitán de esta arma fué á buscar á Dreyfus, que, al lado de su compañero y defensor el capitán Targe, se colocó en el centro del cuadro. El general Guillain, con uniforme de gala, puso en el pecho del mártir la cruz de la Legión de Honor, con las ceremonias de ritual. Al besar el general á Dreyfus, los espectadores dieron ¡vivas! á la República, á Dreyfus, al Ejército y á Picquart. Desfilaron después las tropas, y comenzaron las felicitaciones. El comandante, que había conservado la serenidad en la emocionante escena, al reunirse con su hijo y su esposa, no pudo reprimir las lágrimas.

DREYFUS Y TARGE Á SU LLEGADA
Á LA ESCUELA MILITAR

PRESENTACIÓN DE DREYFUS Á SUS COMPAÑEROS
EN LA ESCUELA MILITAR

1 TARGE, 2 DREYFUS, EN EL CENTRO DEL CUADRO DE LAS TROPAS

EL GENERAL GUILLAIN IMPONIENDO Á DREYFUS LA CRUZ

DESFILE DE LAS TROPAS DE ARTILLERÍA Y CORACEROS

EL GENERAL GUILLAIN FELICITANDO Á DREYFUS Y TARGE

Devant le front des troupes : le général Gillain donnant l'accolade au commandant Dreyfus.

Le défilé des troupes devant le général Gillain et les deux nouveaux légionnaires : le commandant Dreyfus
et le commandant Targe (coiffé du casque).

Le général Gillain décorant le commandant Dreyfus.   Le jeune Pierre Dreyfus.   Après la cérémonie : le commandant Dreyfus embrassant sa femme.

L'ÉCOLE MILITAIRE : LA REMISE DES INSIGNES DE LA LÉGION D'HONNEUR AUX COMMANDANTS TARGE ET DREYFUS

Cada noche, cuando me voy a dormir, muero. Y a la mañana siguiente, cuando me despierto, renazco.
Mahatma Gandhi

1908 - 1935

Atentado a Alfred Dreyfus – Muerte de Alfred Dreyfus

1908. Atentado a Alfred Dreyfus

MADRID DIA 7 DE JUNIO DE 1908. NÚMERO SUELTO 5 CENTS.

ABC

DIARIO ILUSTRA-DO. AÑO CUARTO NUMERO 1.097. 2.ª ÉPOCA.

MADRID: UN MES, 1,50 PTAS. PROVINCIAS, TRES MESES, 5. EXTRANJERO, SEIS MESES, 16 FRANCOS
REDACCION: SERRANO, 55. ADMINISTRACION: SEVILLA, 12 Y 14

PARIS. LA AGRESION A DREYFUS
DETENCION DEL PERIODISTA GREGORY (✕), ANTE EL PANTEON, MOMENTOS DESPUES DE HABER DISPARADO DOS TIROS CONTRA DREYFUS

El 4 de junio de 1908 se realiza la ceremonia para trasladar las cenizas de Zola al Panteón (este hecho irrita a los antisemitas). Al acto asiste Dreyfus junto a su familia y otros destacados miembros dreyfusistas, incluyendo Clemenceau, Picquart y Jaurès; durante la ceremonia el periodista antisemita Louis Grégori realiza dos disparos a Dreyfus al grito «Abajo Zola», «Abajo Dreyfus», Dreyfus resulta herido en su brazo izquierdo

Las cenizas de Émile Zola descansan desde el 4 de junio de 1908 en el grandioso Panteón de París, en la sala junto a los célebres escritores franceses Víctor Hugo y Alejandro Dumas

Sepulcro de Émile Zola (imágenes cedidas por María Belén Pagán Periago)

1935. Muerte de Alfred Dreyfus

El 12 de julio de 1935 muere Alfred Dreyfus a la edad de 75 años a consecuencia de una grave afección de riñones. El entierro se celebra el 14 de julio en la sección judía del cementerio de Montparnasse. El rabino jefe Julien Weill es el encargado de celebrar un acto religioso sencillo solo para los familiares.

Dreuyfus con 74 años (1934).
www.dreyfus.dulture.fr

Dreyfus sobrevive a todos los que lo han apoyado: Scheurer-Kestner, muere en 1899; Émile Zola en 1902; Bernard Lazare en 1903 a los 38 años; Georges Picquart y Jean Jaurès en 1914; Fernand Labori, en 1917; Joseph Reinach en 1921; Anatole France en 1924; Edgar Demange en 1925; Georges Clemenceau en 1929, su hermano Mathieu, en 1930. En cuanto al verdadero espía, Esterhazy, que se había refugiado en Inglaterra bajo una identidad falsa, muere en 1923. Su mujer Lucie muere en 1945 a los 76 años, su hijo Pierre en 1946 a los 55 años y su hija Jeanne muere en 1981 a los 88 años.

LA MORT D'ALFRED DREYFUS

Le lieutenant-colonel Alfred Dreyfus est mort à Paris, le 12 juillet, de la grave affection des reins qui, depuis près d'un an, le tenait alité. Il avait soixante-seize ans. Ses obsèques ont été célébrées, selon son désir, dans une stricte intimité.

Il a fallu cette disparition pour que fût à nouveau prononcé le nom d'un homme qui se confinait, depuis des années, dans la retraite, après avoir bouleversé la France et le monde. Car ce lieutenant-colonel de réserve n'était autre que l'ancien capitaine Dreyfus, de la fameuse « Affaire ». Elle est aujourd'hui bien oubliée, et les générations nouvelles imaginent difficilement qu'une erreur judiciaire ait pu provoquer cette frénésie de passions. C'est en 1894 que Dreyfus, accusé de trahison, avait été condamné par un conseil de guerre à la dégradation et à la déportation perpétuelle. C'est seulement en 1906 — après quelle suite de péripéties dramatiques ! — que la Cour de cassation devait proclamer son innocence et sa réhabilitation, sans pour cela faire cesser tout à fait les polémiques des deux camps adverses. Aussi bien l' « Affaire » avait-elle dépassé immensément un cas individuel : ce qu'elle opposait, chez des partisans également sincères, c'étaient deux conceptions du devoir et de la conscience, on pourrait dire deux mystiques. Il faudrait remonter aux débuts de la Réforme pour retrouver un semblable conflit de l'esprit de libre examen et du dogme. La personnalité de Dreyfus n'était plus en cause : seul importait le débat d'idées dont il avait été bien involontairement l'origine et dont les conséquences incommensurables ont modifié foncièrement la vie politique et morale de notre pays. Avant la guerre mondiale, l'affaire Dreyfus aura été le plus grand événement de l'histoire contemporaine.

Artículo necrológico de Alfred Dreyfus (L'Illustration, 27-07-1935, p. 440)

Lápida de la tumba del teniente coronel Alfred Dreyfus, oficial de la Legión de Honor. Se encuentra en la zona judía del cementerio de Montparnasse, descansa junto a su esposa Lucie, sus hijos Pierre y Jeanne y otros familiares. Coordenadas: 48°50'12.4"N 2°19'49.7"E (Imagen cedida por José Ángel de la Rúa Tarín)

2006. Centenario de la Rehabilitación a Alfred Dreyfus

Referencia bibliográfica

Aguilar, M. (1931). *El proceso Dreyfus*. Barcelona. Ediciones Mentora.

Bachollet, R. (2006). *Les cent plus belles images de l'affaire Dreyfus*. París. Éditions Dabecom.

Bredin, J.D. (1983*). L'affaire*. Julliard. Presses Pocket.

Champentier, A. (s/f). *Historique de l'affaire Dreyfus*. París. Fasquelle Éditeurs.

Crépieux-Jamin, J. (1935). *Libres propos sur l'expertise en écritures et les lecons de l'affaire Dreyfus.* París. Librairie Félix Alcan.

De Bray, P.E. y Sempau, R. (1900). *El capitán Dreyfus (un proceso célebre).* Barcelona. Casa Editorial Maucci.

Delhorbe, C. (1932). *L'affaire Dreyfus et les écrivains Francais.* París. Éditions Victor Attinger.

Dreyfus, A. (1898). *Lettres d'un innocent*. París. P.-V. Stock, Éditeur.

Dreyfus, A. (1901). *Cinco años de mi vida*. Barcelona. Casa Editorial Maucci.

Dreyfus, A. (1998). *Carnets (1899-1907).* France. Calmann-Lévy

Dutrait- Crozon, H. (1909). *L'affaire Dreyfus*. París. Nouvelle Librairie Nationale.

Dutrait-Crozon, H. (1924). *Précis de l'affaire Dreyfus*. París. Nouvelle Librairie Nationale.

Figueras, A. (1989). *L'affaire Dreyfus*. París. Publications André Figueras.

Frank, L. (1898). *Le bordereau est d'Esterhazy*. Bruxelles. P.V. Stock, Éditeur.

Giscard D'Estaing, H. (1960). *D'Esterhazy a Dreyfus*. París. Librairie Plon.

Grand-Carteret, J. (s/f). *L'affaire Dreyfus*. París. Ennest Flammarion, Éditeur.

Haime de, E. (1898). *Affaire Dreyfus. Les faits acquis l'histoire*. Paris. P.v. Stock, Éditeur.

Lazare, B. (1897). *Une erreur judiciaire. L'affaire Dreyfus*. París. P.-V. Stock, Éditeur.

Leblois, L. (1924). L'*Affaire Deryfus. L'iniquité la réparation. Les principaux faits et les principaux documents*. Paris. Librairie Aristide Quillet.

Los grandes procesos de la historia (1975). *Yo acuso: el caso Dreyfus*. Madrid. Los amigos de la historia.

Mornard, H. (1907). *La revision du procès de Rennes*. París. Ligue Francaise pour la défense des droits de l'homme et du citoyen.

Paléogue, M. (1955). *Journal de l'affaire Dreyfus*. París. Librairie Plon.

Reinach, J. (1901). *Histoire de l'affaire Dreyfus. Le procés de 1894* (Tomo I). París. Eugéne Fasquelle, Éditeur.

Reinach, J. (1903). *Histoire de l'affaire Dreyfus. Esterhazy* (Tomo II). París. Eugéne Fasquelle, Éditeur.

Reinach, J. (1903). *Histoire de l'affaire Dreyfus. La crise* (Tomo III). París. Eugéne Fasquelle, Éditeur.

Reinach, J. (1904). *Histoire de l'affaire Dreyfus. Cavaignac et Félix Faure* (Tomo IV). París. Eugéne Fasquelle, Éditeur.

Reinach, J. (1905). *Histoire de l'affaire Dreyfus. Rennes* (Tomo V). París. Eugéne Fasquelle, Éditeur.

Reinach, J. (1908). *Histoire de l'affaire Dreyfus. La revisión* (Tomo VI). París. Eugéne Fasquelle, Éditeur.

Schwertfeger, B. (1930). *Les carnets de Schwartzkoppen*. Paris. Les Éditions Rieder.

Thomas, M. (1971). *L'affaire Sans Dreyfus*. París. Librairie Arthème Fayard.

Whyte, G.R. (2008). *The Dreyfus affair a chronological history*. Palgrave Macmillan.

Zola, E. (1898). *Les lettres de M. Émile Zola et les poursuites. Les débats* (Tomos 1 y 2).

Zola, E. (s/f). *La vérité en marche. L'affaire Dreyfus*. París. Fasquelle Éditeur.

Colección hemeroteca

Casi la totalidad de las imágenes incluidas en la presente obra, forman parte de mi colección privada que cuenta con más de 1500 piezas originales de finales del siglo XIX, incluye unos 800 periódicos de diferentes países y editoriales, además, series completas de postales que tratan de hechos concretos, fotografías, dibujos en acuarela, cromos, manuscritos originales y otros variados objetos de interés.

Entre los periódicos que se dispone, se detallan según los países y las editoriales, los siguientes:

FRANCIA

Le Petit Parisien, L'Illustration, L'Aurore, La Vie Illustre, Le Petit Journal, Le Journal Illustre, La Libre Parole, Le Matin, La France, Le Progress Illustre, Le Monde Illustré, Le Rire, La Revue, Diplomatique, Soleil du Dimarche, Les Annales, Le Pilori, Les Nouvelles Illustrées, Le Siècle, L'Instantané, Les Hommes du jour, Le National Illustré, La Petite Gironde, Psst...!, Le Sifflet, L'Estafette, Le Petit Marseillais, Revue encyclopédique Larousse, L'Anticlericale, D'Ouste, Le Charivari, Les hommes du jour.

ITALIA

La Tribuna Illustrata, L'Illustrazione, La Domenica del Corriere, Il Secolo Illustrato.

ESPAÑA

ABC, Blanco y negro, Nuevo mundo, La Ilustración Española y Americana.

INGLATERRA

The Graphic, The Illustrated London News.

ESTADOS UNIDOS

Collier's Weekly, Life, Puck Building, New York.